MANIFESTAÇÕES DE JUNHO DE 2013 NO BRASIL E PRAÇAS DOS INDIGNADOS NO MUNDO

Dados Internacionais de Catalogação na Publicação (CIP)
(Câmara Brasileira do Livro, SP, Brasil)

Gohn, Maria da Glória
Manifestações de junho de 2013 no Brasil e praças dos indignados no mundo / Maria da Glória Gohn. – Petrópolis, RJ : Vozes, 2014.

Bibliografia
ISBN 978-85-326-4822-8

1. Ação direta 2. Movimentos de protesto 3. Movimentos de protesto – Brasil 4. Movimentos sociais 5. Movimentos sociais – Brasil I. Título.

14-06211   CDD-981

Índices para catálogo sistemático:

1. Brasil : Movimentos sociais : História social   981

Maria da Glória Gohn

MANIFESTAÇÕES DE JUNHO DE 2013 NO BRASIL E PRAÇAS DOS INDIGNADOS NO MUNDO

EDITORA VOZES

Petrópolis

© 2014, Editora Vozes Ltda.
Rua Frei Luís, 100
25689-900 Petrópolis, RJ
Internet: http://www.vozes.com.br
Brasil

Todos os direitos reservados. Nenhuma parte desta obra poderá ser reproduzida ou transmitida por qualquer forma e/ou quaisquer meios (eletrônico ou mecânico, incluindo fotocópia e gravação) ou arquivada em qualquer sistema ou banco de dados sem permissão escrita da editora.

Diretor editorial
Frei Antônio Moser

Editores
Aline dos Santos Carneiro
José Maria da Silva
Lídio Peretti
Marilac Loraine Oleniki

Secretário executivo
João Batista Kreuch

Editoração: Andréa Dornellas Moreira de Carvalho
Diagramação: Sandra Bretz
Capa: HiDesign Estúdio
Ilustração de capa: © Marcelo Camargo/ABr - Agência Brasil. Disponível em http://pt.wikipedia.org/wiki/Protestos_no_Brasil_em_2013, sob a licença Creative Commons.

ISBN 978-85-326-4822-8

Editado conforme o novo acordo ortográfico.

Este livro foi composto e impresso pela Editora Vozes Ltda.

Sumário

Apresentação, 7

Parte I. Manifestações dos indignados no Brasil: antes, durante e depois de junho de 2013, 17

1 Manifestações de junho de 2013, 19

2 Depois de junho de 2013, 33

3 O perfil dos manifestantes, 39

4 A participação de coletivos: Movimento Passe Livre (MPL), Anonymous e Black Blocs, 44

5 Avaliação dos indignados em junho e o sentido das manifestações, 64

Parte II. As praças dos indignados, 89

1 Oriente Médio: Tunísia/Túnis – Egito/Cairo, 97

2 Europa: Grécia/Atenas – Espanha/Madri – Alemanha/Frankfurt, 106

3 Estados Unidos/Nova York, 124

4 Brasil/São Paulo, 132

Conclusões, 139

Referências, 149

Apresentação

Este livro aborda as manifestações de grupos de indignados em várias regiões do mundo, com destaque para as que aconteceram em junho de 2013 no Brasil. Objetiva analisar nas manifestações as especificidades locais, suas diferenças e semelhanças, influência das redes que participam, as propostas de mudanças, novidades presentes e seus momentos principais. O Brasil é o tema da parte I, na qual se faz o acompanhamento das manifestações, especialmente em São Paulo, de junho a dezembro de 2013. A parte II destaca outro ângulo na análise dos protestos e lutas sociais: o território onde elas acontecem, especialmente as praças, assim como eventuais ruas e avenidas. Destacam-se praças em diferentes capitais no mundo onde têm ocorrido manifestações a partir de 2010, apresentando suas transformações e seu novo papel na história.

O destaque dado ao Brasil na parte I justifica-se porque, em junho de 2013, ocorreu em 12 capitais brasileiras, e em várias outras cidades de médio porte, uma onda de manifestações populares nas ruas, praças e avenidas. Na história do país registramos o mesmo feito apenas em três momentos: em

1992, no *impeachment* do ex-Presidente Collor de Melo; em 1984, no Movimento Diretas Já, no período do regime militar, em luta pelo retorno à democracia; e nos anos de 1960, nas greves e paralisações pré-Golpe Militar de 1964, e em 1968, com o movimento dos estudantes, a Passeata dos Cem Mil etc. Estima-se que cerca de dois milhões de pessoas saíram às ruas do país entre junho e agosto de 2013, em 483 municípios, para protestar na condição de cidadão indignado contra tarifa de ônibus e a qualidade de vida urbana. Os protestos rapidamente se espalharam e se transformaram em revolta popular de massa. São Paulo, Rio de Janeiro, Porto Alegre, Belo Horizonte e Brasília foram as cidades onde as manifestações foram mais intensas. No mês de junho, auge dos protestos, 353 cidades se envolveram, chegando a mobilizar um milhão de pessoas em um só dia (20 de junho).

Os acontecimentos ocorridos em junho de 2013 no Brasil foram denominados pela mídia e outros como "manifestações", ficando este termo como um marco na memória do país. Jornadas, atos, onda, protesto de massa, mobilizações, revoltas etc. são outras denominações encontradas. De fato, eles foram, na maioria das vezes, manifestações do estado de indignação face à conjuntura política nacional. Adquiriram, nesses eventos, caráter de movimento de massa, de protesto, revolta coletiva, aglutinando a indignação de diferentes classes e camadas sociais, com destaque para a classe média propriamente dita; estavam incluídas pessoas de diferentes faixas etárias, destacando-se os jovens. Neste livro denomino as manifestações que aconteceram nas ruas e praças como atos de protesto, incluindo-os numa categoria mais geral: "Movimento dos Indignados". Os "Indignados" focalizam demandas locais, regionais, nacionais, ou seja, a realidade do país; isso os diferenciam dos protestos anti ou alterglobalização do final da década de 1990 e parte da década de 2000, nos quais reuniam minorias, tinham ativismo internacional e como alvo o capital financeiro global. Deve-se observar, entretanto, que as manifestações de junho no Brasil não são "nacionalistas"; ao contrário, mostram-se como modos e formas de agir coletivo, especialmente adquirido/construído via redes sociais e telefonia móvel, e advêm de ondas globais, internacionais. Por isso, neste livro temos a preocupação de, simultaneamente, relacionar e diferenciar os atos de protesto no Brasil em 2013, com protestos que aconteceram no mundo após 2008, especialmente os que ocorreram em outras regiões do mundo (Turquia, Egito, os diversos Occupy iniciados em Wall Street, e os "Indignados" da Grécia, Espanha, Portugal etc.), que serão tratados na parte II deste livro.

Os manifestantes de junho no Brasil atuam em coletivos não hierárquicos, com gestão descentralizada, produzem manifestações com outra estética; os participantes têm mais autonomia, não atuam sob a coordenação de uma liderança central. São movimentos com valores, princípios e formas de organização distintas de outros movimentos sociais, a exemplo dos sindicais, populares (urbanos e rurais), assim como diferem dos movimentos identitários (mulheres, quilombolas, indígenas etc.). Para compreender essa onda de manifestações, além de identificar as especificidades e diferenças dos jovens em ação, uma questão significativa deve ser levada em consideração: por que uma grande massa da população aderiu aos protestos. Que sentido e significado esses jovens atribuíram aos acontecimentos para transformá-los em movimento de massa com ampla legitimidade? As respostas devem ser procuradas, inicialmente, na própria conjuntura política, social e econômica do país, antes de junho.

Depois de junho de 2013 aconteceram novas manifestações, com características diferentes. Aos poucos, ao longo do segundo semestre de 2013, elas foram desaparecendo das ruas enquanto movimento de massa. Formas já tradicionais e conhecidas de organizações e movimentos sociais saíram às ruas em julho no Dia Nacional de Mobilização convocado por centrais sindicais e outros, mas não tiveram a mesma adesão e impacto sobre a população que obtiveram as manifestações de junho, embora tenham realizado atos, simultaneamente, em várias regiões do país. Outras novas manifestações prosseguiram em agosto, também sem adesão popular nas ruas, focadas em alvos específicos. A maioria delas terminou em confrontos com a polícia, depredações, prisões etc. Setembro, mês tradicional de atos de protesto no Dia da Independência, prometeu, mas não registrou nada significativo. De outubro a dezembro as manifestações eclipsaram-se nas ruas e praças brasileiras enquanto movimento de massa. Terminaram o ano perdendo grande parte do apoio e legitimidade conquistados em junho. O grande destaque dado na mídia foi a ação dos Black Blocs, outros atores com interesses diferentes e divergentes ganharam a cena; aconteceram inúmeros atos de violência, depredações e prisões, deslegitimando as manifestações face à opinião pública, reduzindo-as a atos de grupos esparsos. Mas as manifestações de junho permaneceram como o maior evento político no país em 2013, dado seu impacto: na sociedade, que se mobilizou/sensibilizou e saiu às ruas; sobre o governo, que após ter, inicialmente, minimizado-as, partiu para uma reformulação de seu discurso e lançou ações para contrarrestar seu impacto; e a mudança de opinião dos intelectuais e formadores de opinião, de diferentes tipos e tendências político-ideológicas, que passaram a citar as manifestações de junho como "o clamor ou a voz das ruas", uma força sociopolítica semioculta, que se despertou e poderá voltar à ação a qualquer momento, especialmente no cenário sociopolítico e econômico de 2014. Nas tradicionais retrospectivas realizadas ao final de cada ano pela mídia, em 2013 as manifestações ganharam a cena de maior destaque. "O ano em que o país foi às ruas" foi a manchete da *Folha de S. Paulo* (27/12/2013), e "Partido Jovem" foi o destaque do Caderno Especial sobre as manifestações publicado por *O Estado de S. Paulo* (14/12/2013). E de fato as previsões confirmaram-se logo no início do ano. No dia 25 de janeiro de 2014, um protesto convocado via Facebook com o lema: "Não vai ter Copa", mobilizou 30 cidades, sendo dez capitais e o Distrito Federal. As manifestações contra a Copa prosseguiram nas cidades sedes dos jogos, durante os meses que antecederam o evento, focalizadas e sem adesão de massa, atraindo atenção da mídia, órgãos de segurança e governo. Diferentemente de junho de 2013, elas foram convocadas por vários movimentos sociais, sindicatos e partidos políticos. Em 15 de maio de 2014 houve o "Dia Internacional de Lutas Contra a Copa" (15M) que reuniu 17,5 mil manifestantes em 14 capitais do país.

Perry Anderson elencou três grandes conquistas nos protestos de junho: 1º) o despertar político dos jovens; 2º) a compreensão do empoderamento social, no recuo do governo nas tarifas de transporte público; e 3º) levantou-se a "questão da distribuição escandalosamente distorcida das despesas públicas no Brasil" (ANDERSON, 03/11/2013, p. E2). Em nossas análises formou-se nova cultura sociopolítica, manifestar-se deixou de ser ato apenas de combate a regimes autoritários, ou campo para sindicalistas, estudantes ou moradores da periferia. Marcos Nobre, analisando junho de 2013, afirma: "A cabeça das pessoas mudou, a cultura do país mudou. Sobretudo, mostrou que a cultura política que está na sociedade, essa cultura democrática, está muito mais avançada que a do sistema político brasileiro" (NOBRE, 2013). Não se pode esquecer também a capacidade de aprendizagem e resistência dos ativistas. Sabem o que não querem, e buscam definir o que querem nos parâmetros dos valores que acreditam. Os coletivos e as manifestações têm sido grandes laboratórios de experimentação sobre novas formas de operar a política.

As manifestações de junho de 2013 no Brasil fazem parte de uma nova forma de movimento social composta predominantemente por jovens, escolarizados, predominância de camadas médias, conectados por e em redes digitais, organizados horizontalmente, críticos das formas tradicionais da política, tais como se apresentam na atualidade – especialmente os partidos e os sindicatos –, eles pregam a autonomia em relação a essa forma antiga, embora alguns possam ter articulações com alguns partidos mais radicais. Pesquisas realizadas antes de 2013 já indicavam o protagonismo dos jovens nas redes sociais[1]. Pesquisa do Datafolha realizada em junho, no auge das manifestações, constatou que, em São Paulo, a maioria dos participantes tinha diploma universitário (77%)

---

1 Cf. CASTRO, L.R. *Juventude e experiência política no contemporâneo*. Rio de Janeiro: UFRJ, 2012. • RIBEIRO, M. (org.). *Comunicação e juventude em movimento*. Rio de Janeiro: Ibase, 2012. • ABRAMOVAY, M. *Quebrando mitos*: juventude, participação e políticas. São Paulo: [s.e.], 2008.

e menos de 25 anos (53%). Pesquisa nacional realizada pelo Ibope, analisada no item 2 da primeira parte deste livro, corrobora o perfil delineado anteriormente.

As convocações para os atos foram feitas via redes sociais, e a grande mídia contribuiu para crescimento repentino das mobilizações e manifestações em junho com a adesão da população, ao noticiar a agenda, os locais e a hora das manifestações, especialmente a TV e as redes online.

Há uma estética particular nas manifestações: não desfraldam bandeiras de organizações nem usam faixas pré-confeccionadas, não usam palavras de ordem e as chamadas são em cima da demanda foco, sem carros de som, o batuque ou as palmas são utilizados no percurso das marchas. Os jovens organizadores das chamadas para as manifestações atuam em coletivos, organizados na última década. Muitos dos jovens que respondem às convocações e vão às manifestações estão em fase de batismo na política. Os coletivos inspiram-se em variadas fontes, segundo o grupo de pertencimento de cada um. Esse fato é importante porque um grande equívoco é ver os jovens manifestantes como um todo, um bloco homogêneo. Como rejeitam lideranças verticalizadas, centralizadoras, também não há hegemonia de apenas uma ideologia ou utopia. O que os motivam é um sentimento de descontentamento, desencantamento e indignação contra a conjuntura ético-política dos dirigentes e representantes civis eleitos nas estruturas de poder estatal, as prioridades selecionadas pelas administrações públicas e os efeitos das políticas econômicas na sociedade. Não é por acaso que, defronte aos prédios públicos das praças e avenidas onde aconteceram os protestos, há atos de desagravos, pichações, xingamentos e ocupações (em vários casos). É uma forma de os jovens dizerem o que esteve em muitos dos cartazes: "Vocês não nos representam". Implícito nessas ações há também outro dado: os manifestantes, ao rejeitarem a forma como está sendo feita a política institucional, demonstram que é possível fazer política de outra maneira, não formal, nas ruas, com as vozes e corpos presentes e suas ressonâncias. Agindo assim, eles quebram o silêncio da aparente apatia e imobilidade sociopolítica.

Na realidade brasileira, de concreto, observa-se que o impacto das mobilizações de junho apresentou alguns resultados. Em primeiro lugar demonstrou que a sociedade não é amorfa e apática, que o cenário de atendimento dos serviços públicos não é bom, que há sensibilidade e acompanhamento da sociedade na vida pública dos dirigentes – desmandos, falta de ética, de decoro etc. não são invisíveis. Há vigilância sim! Em segundo lugar, as mobilizações de junho têm levado a tentativas de mudança na agenda governamental, ainda que resultados concretos só possam vir a ser obtidos a médio prazo. Projetos engavetados foram resgatados, medidas administrativas aceleradas, muitas delas de forma desorganizada, como em relação à área da saúde, levando a organização dos profissionais da área às ruas, em novas manifestações. Tudo isso em um cenário conturbado, com muito marketing e luta política em ano de eleições nacionais.

As praças centrais das cidades, assunto da parte II deste livro, compõem a própria história da humanidade. Elas são lócus por excelência de espaço público para o exercício da cidadania. No século XXI as praças ganharam novos atores: participação de jovens e o uso das novas tecnologias na organização e realização de protestos. Este trabalho estuda manifestações ocorridas entre 2010 e 2013 em diferentes praças, a saber: Porta do Sol (Madri), a Willy-Brandt Platz (Frankfurt), Praça Taksim (Istambul); Praça Mohammad Bouazizi (Túnis), Praça Tahrir (Egito); Praça do Parque Zuccoti/Wall Street (Nova York); e manifestações de junho de 2013 no Brasil, especialmente em São Paulo, na Avenida Paulista e Praça do Largo da Batata.

As fontes dos dados para a elaboração deste livro advêm de arquivos que sistematizei a partir de diferentes mídias – escrita e eletrônica; de observação de várias manifestações em São Paulo; visita a maioria das praças, parques e avenidas retratados, com algumas entrevistas nos locais; artigos e livros já publicados sobre o tema; resultados de pesquisas ainda em andamento; e pesquisas de opinião pública a respeito das manifestações realizadas pelo Ibope, *Folha de S. Paulo* e *O Estado de S. Paulo*. Citações de entrevistas ou falas de manifestantes nos atos de protesto no Brasil foram obtidas em registros na mídia escrita. As praças selecionadas em Nova York, Madri, Frankfurt, Atenas e Istambul são retratadas a partir de pesquisa realizada em viagens que realizei entre 2011 a 2013 a essas cidades. Apenas no Egito e Tunísia o material coletado sobre os protestos nas praças não teve visita direta.

O livro é composto por duas partes subdivididas em capítulos, da seguinte forma: Parte I. Manifestações dos indignados no Brasil: antes, durante e depois de junho. Subdivide-se em cinco capítulos: 1 Manifestações de junho de 2013; 2 Depois de junho de 2013; 3 O perfil dos manifestantes; 4 A participação de coletivos: Movimento Passe Livre (MPL), Anonymous e Black Blocs; 5 Avaliação dos indignados em junho e o sentido das manifestações. Parte II. As praças dos indignados.

Subdivide-se em quatro capítulos: 1 Oriente Médio: Tunísia/Túnis – Egito/Cairo – Turquia/Istambul; 2 Europa: Grécia/Atenas – Alemanha/Frankfurt – Espanha/Madri; 3 Estados Unidos/Nova York; e 4 Brasil/São Paulo.

Este livro faz parte de uma pesquisa mais ampla que conta com o apoio do CNPq e dá sequência ao livro *Sociologia dos movimentos sociais*, publicado em maio de 2013. Concluo esta apresentação com um agradecimento especial a Marcelo Beraba, jornalista e diretor da sucursal de *O Estado de S. Paulo* no Rio de Janeiro. Marcelo convidou-me em julho de 2013 para escrever sobre as manifestações de junho enviando-me um instigante roteiro de questões. Esse roteiro foi a base para a publicação de uma longa entrevista minha em *O Estado de S. Paulo*, em 14 de julho de 2013. O roteiro continuou útil para o aprofundamento de muitas questões tratadas neste livro.

Parte I

Manifestações dos indignados no Brasil:
antes, durante e depois de junho de 2013

1
MANIFESTAÇÕES DE JUNHO DE 2013

"Quando um grupo de jovens se reuniu no dia 6 de junho na Avenida Paulista para contestar o aumento da tarifa de ônibus de São Paulo, ninguém poderia imaginar que aquele seria o marco zero da maior sequência de protestos no país desde o Fora Collor" (GRIPP, 27/12/2013, p. 2). De fato, um exame rápido nas manchetes dos principais jornais brasileiros nos dias em que antecederam as manifestações massivas nos revela um universo de protestos já bastante conhecido e usual nos últimos anos: greve de professores, passeatas dos profissionais da educação e da saúde e confronto com PMs, conflitos com quilombolas e índios em várias regiões do país, problemas com os sem-terra no campo e sem-teto nas grandes cidades. O transporte urbano foi manchete em 18 de maio de 2013, como o tema do Bilhete Único Mensal, uma proposta da Prefeitura de São Paulo para viagens ilimitadas no período de 30 dias. Técnicos pronunciaram-se sobre os ganhos da medida, dentro de uma lógica econômica. Entretanto, os transportes eram reivindicações da população há décadas, em várias localidades brasileiras. Belo Horizonte, por exemplo, tem um movimento de mais de duas décadas pedindo melhorias no transporte público; em Salvador um metrô em construção há mais de dez anos e denúncias de superfaturamento já mobilizava a população há tempos; no Pará havia protestos sobre a tarifa e a superlotação nos transportes fluviais – os únicos existentes para várias ilhas; em Goiás má sinalização na mobilidade urbana de vias que cortam a cidade causou inúmeros acidentes e mortes sendo alvo de demandas antigas, assim como protestos de caminhoneiros pelos buracos nas estradas; no Maranhão as demandas eram: transportes públicos caros e deficitários gerando o que denominaram "a imobilidade urbana"; em Santos, caminhões enfileiravam-se por dias para o desembarque de mercadorias nos navios do porto – um dos motivos da lentidão era a falta de alças de acesso ao próprio porto; em Porto Alegre já tinham acontecido protestos contra a derrubada de árvores para a realização de obras e acesso ao estádio devido à Copa 2014; ainda em Porto Alegre, Florianópolis e São Paulo, o MPL (Movimento Passe Livre) já tinha histórico de demandas etc. Isso tudo ao lado de outras demandas específicas tais como CPI para investigar a responsabilidade do poder público no incêndio da Boate Kiss, no Rio Grande do Sul, no início de 2013.

Portanto, para analisarmos os protestos nas manifestações de junho, faz-se necessário um olhar mais acurado para a realidade anterior nos meses que as antecederam. Os noticiários da mídia nacional nos oferecem um painel dos prováveis motivos de ordem mais geral para a indignação que levou milhares de brasileiros às ruas, quando se identificaram e aderiram ao movimento dos jovens, a saber: os gastos altíssimos com estádios da Copa de 2014 e com a Copa das Confederações que aconteceria em junho de 2013; megaeventos com o uso do dinheiro público contrastando com a má qualidade dos serviços públicos, especialmente nos transportes, educação, saúde e segurança pública. Outros agravantes são: a persistência dos índices de desigualdade social, inflação, denúncias de corrupção, clientelismo político, a PEC 37 (também conhecida como a PEC da Impunidade, projeto de emenda constitucional que tinha como objetivo implodir o poder investigatório do Ministério Público), assim como sentimento de impunidade nas histórias de corrupção, o sistema político arcaico, a criminalização de movimentos sociais – especialmente rurais e indígenas –, o projeto de lei que tramitava no Congresso sobre "cura gay", a condução de importantes postos políticos no cenário nacional por políticos com passado marcado por denúncias etc. Ou seja, a despeito das políticas governamentais de inclusão social e a boa imagem internacional do país até então, como um emergente de sucesso, para o senso comum do povo havia graves problemas sociais. Quando o povo viu na TV e jornais jovens sendo espancados por lutarem por bandeiras que eram também suas, a mobilidade urbana, ele saiu às ruas. Com isso pode-se afirmar: boa parte da sociedade aderiu e entrou em movimento. O crescimento das manifestações levou à ampliação das demandas com um foco central: a má qualidade dos serviços públicos, especialmente: transportes, saúde, educação e segurança pública. A adesão de multidões às manifestações e a ampliação das demandas, seguidas da denúncia sobre a violência da polícia, fizeram com que o alvo dos protestos ficasse difuso, parecia ser "contra tudo".

Além dos motivos específicos da conjuntura local ou nacional, não se pode descartar também a influência do contexto internacional, especialmente os movimentos Occupy em várias partes do mundo, os Indignados na Europa (especialmente Espanha, Portugal e Grécia) e a Primavera Árabe. Trataremos desses movimentos na segunda parte deste livro.

Assim como se pode periodizar as manifestações nas ruas e praças no Brasil de junho a dezembro de 2013, o próprio mês de junho, por sua especificidade, também pode ser subdividido em três momentos. A cidade de São Paulo será a referência na narrativa dos acontecimentos, citando-se outras localidades como exemplos paralelos. Utilizando o critério da sequência cronológica, os três momentos em junho são:

Primeiro momento: A desqualificação e o descaso

As manifestações começam tímidas com o 1º ato de protesto em São Paulo contra o aumento da tarifa dos transportes no dia 6 de junho liderado pelo MPL (Movimento Passe Livre). A princípio esse movimento foi visto como ato de estudantes. Observa-se um claro tom de reprovação na mídia ao retratar o ato como algo relacionado ao vandalismo. Uma manifestante revoltada com esse tratamento saiu depois com um cartaz "Não sou vândalo, mídia". A criminalização dos movimentos foi a forma mais fácil que muitos dirigentes encontraram para responder à situação e revelar também um desconhecimento dos fatos que estavam se articulando. Buscava-se descaracterizar as reivindicações e gerar dúvidas e apreensão no público receptor das imagens e relatos dos conflitos.

Segundo momento: Violência, revolta popular e susto pelo movimento de massa

Inicia-se com o 4º ato contra as tarifas no dia 13 de junho quando houve grande violência por parte da Polícia Militar, com dezenas de feridos e 192 detenções. O impacto das imagens e os relatos do 4º Ato marcaram a virada da opinião pública às manifestações e a adesão de milhares de pessoas que passam a ir às ruas nos atos seguintes. Em 17 de junho centenas de milhares vão às ruas em várias capitais. Em São Paulo, o Largo da Batata, em Pinheiros, aglutina 65 mil pessoas. Houve protesto e ocupação em frente ao Palácio dos Bandeirantes, sede do governo estadual. Em Brasília a marquise do Congresso Nacional foi ocupada. No segundo momento aceleram-se os acontecimentos, que passam a ser diários e mobilizam toda imprensa escrita, falada, televisiva e online. As mobilizações ganham destaque na imprensa dos noticiários e principais jornais internacionais do mundo. Em 18 de junho acontece o 6º protesto em São Paulo contra as tarifas, reunindo 50 mil pessoas na Praça da Sé. O conflito espalha-se por outros pontos da cidade paulista. Um grupo depreda a Prefeitura de São Paulo. O ápice dessa segunda fase foi em 20 de junho quando mais de um milhão de pessoas foram às ruas em todo o país, destacando-se em 25 capitais. O Palácio do Itamaraty, em Brasília, foi depredado. Nesse momento, outros atores entram em cena de forma mais intensa, via o ativismo digital, especialmente grupos organizados no Facebook com o objetivo de combate ou crítica à corrupção, a exemplo do "Movimento Contra a Corrupção, o "Quero Fim da Corrupção" e o "A Verdade Nua & Crua". Mas o grande destaque no ativismo digital nesse período foi o grupo Anonymous.

Terceiro momento: A vitória na demanda básica

O impacto e a ampliação dos protestos para outros focos. Este 3º momento inicia-se com o anúncio do cancelamento do aumento das tarifas em São Paulo, no dia 19 de junho. O 7º ato, dia 20 de junho, demarca a virada. A Copa das Confederações ganha o grande palco dos protestos, deslocando-se de São Paulo o foco central dos acontecimentos. Em 21 de junho o MPL retira-se das convocações das manifestações, grupos alheios às causas iniciais do movimento promovem atos de depredações e o governo federal assume a frente de elaborar, diariamente, um rol de propostas, promessas e tentativas de acalmar os ânimos, *e além* disso buscar recuperar o prestígio da Presidente Dilma.

É importante registrar que ao longo do mês de junho não aconteceram apenas as manifestações convocadas pelo MPL contra as tarifas em São Paulo. Houve outras manifestações já usuais nos últimos anos nesse mês como a 6ª Marcha da Maconha em São Paulo no dia 8 de junho, com mil participantes, a Parada do Orgulho Gay, e outras manifestações conjunturais como a dos professores do ensino básico público, profissionais da saúde, policiais, sem-teto etc. Todos eles realizaram protestos na Avenida Paulista focados em suas demandas específicas e não articulados na "onda" dos atos que construíram o que já está fazendo história: "as manifestações de junho". O mesmo processo acontecia em outras partes do país.

Alan Gripp também subdivide as manifestações de junho agrupando-as em três fases, a saber:

"A primeira teve foco na tarifa e reuniu majoritariamente estudantes. A segunda – com forte apoio popular e mais efêmera – arrastou multidões contra a baixa qualidade dos serviços públicos, a corrupção, a polícia e tudo mais. Por fim, restaram as 'manifestações' mais radicais, já sem o apoio da maioria da população, marcadas pela quebradeira dos adeptos da tática Black Bloc" (GRIPP, 27/12/2013, p. 2).

Concordo com a subdivisão de Gripp se a interpretarmos em relação aos grupos sociais predominantes que as compunham. As chamadas "minorias radicais" estiveram presentes nas manifestações desde seu início e não entraram em cena só depois. Apenas mudou o tom, volume e intensidade de sua participação. A violência da polícia também se fez presente desde o primeiro ato.

A seguir faremos um detalhamento dos três momentos de junho citados anteriormente para clarear melhor as ações, os sujeitos envolvidos, e os resultados/impactos e consequências imediatas de cada um.

A sequência dos protestos de junho de 2013 em São Paulo

No dia 2 junho foi decretado o aumento das tarifas de ônibus, metrô e trens em São Paulo, que passou de R$ 3,00 para R$ 3,20, gerando o **1º ato de protesto** em São Paulo, **no dia 6 de junho**, com cerca de 2.000 pessoas. A manifestação foi convocada em São Paulo por coletivos organizados com o predomínio do MPL (Movimento Passe Livre) a partir de uma demanda pontual – contra o aumento da tarifa dos transportes coletivos. Redes sociais e cartazes alertavam: "Se a tarifa aumentar, São Paulo vai parar". O **1º protesto** de junho aconteceu em pontos-chave para circulação e visibilidade na cidade: partiu da região central, seguiu para a Avenida 9 de Julho, depois Avenida 23 de Maio e Avenida Paulista – "ponto oficial" de inúmeras manifestações em São Paulo. Já no 1º ato houve depredações, estações de metrô foram fechadas, um shopping e o Masp (Museu de Arte de São Paulo) foram pichados. Lixeiras da Avenida Paulista foram incendiadas. A imprensa noticiou o ato como liderado por estudantes ligados ao Movimento Passe Livre (MPL) e jovens ligados a alas radicais de partidos da oposição (PSTU, Psol e PCO). O 1º ato terminou com confrontos com a polícia, que usou gás e balas de borracha, e fez 15 detenções; 10 pessoas ficaram feridas.

Em 8 de junho houve o **2º ato de protesto** liderado pelo MPL em São Paulo. A manifestação reuniu 5.000 pessoas e espalhou-se para áreas tidas como "nobre" da capital levando um colégio particular a encerrar as aulas mais cedo, empresas a dispensarem funcionários antes do término do expediente e lojas a fecharem portas. O trajeto foi diferente: saíram do Bairro de Pinheiros, do Largo da Batata, inaugurando esse espaço como um novo *point* importante para protestos sociais (o Largo será um dos territórios abordados na parte II deste livro). Os manifestantes foram para a Avenida Paulista passando por vias como a Avenida Rebouças e a Faria Lima, símbolo de luxo, status e sede de várias empresas do capital financeiro. Houve confrontos com a polícia, e as autoridades, estadual e municipal, fizeram declarações condenando os protestos, impondo como condição para dialogar com os manifestantes a "mudança de estratégia" e "renunciar à violência".

O **3º protesto** em São Paulo aconteceu no dia **11 de junho**. Ele foi marcado para as 17h na Avenida Paulista, e dois outros protestos o antecederam: trabalhadores da área da saúde (14h), e policiais civis do Estado (15h), protestando contra o não cumprimento de acordos feitos com o governo do estado para melhorias na carreira. A Juventude do PT apoiou esse ato oficialmente. O Prefeito Haddad e o Governador Alckmin estavam fora de São Paulo, em Paris, dada a indicação para a escolha da cidade como sede para a Expo 2020 (São Paulo não foi a escolhida). O 3º ato teve cerca de 5.000 participantes (segundo a PM) e houve violência, 19 pessoas foram detidas, inclusive jornalistas, cerca de 100 pessoas foram feridas (manifestantes, jornalistas e policiais), 87 ônibus foram queimados ou apedrejados, vitrines quebradas, bancos depredados e estações de metrô danificadas. Uma das participantes do MPL disse na ocasião: "Não temos controle; virou revolta popular", revolta atribuída à violência da repressão policial que usou balas de borracha, bombas de efeito moral e spray de pimenta. Dos 19 manifestantes detidos, 13 permaneceram presos por mais tempo até pagarem a fiança. Desses, só três eram estudantes. O leque ocupacional era variado: jornalista, professor, publicitário, metalúrgico, artista. O local de moradia dos detidos ia de Alphaville a Poá, região operária no ABCD paulista.

O **4º ato de protesto** foi em 13 de junho e teve 20 mil participantes segundo o MPL, e 5.000 segundo a Polícia Militar. Ele irá marcar a virada do olhar da sociedade, a opinião pública passa a dar apoio aos manifestantes, e ir às ruas para se manifestar também. Até então o tratamento que os manifestantes recebiam na mídia resume-se a um termo/denominador: vândalos. A violência policial contra os manifestantes, que já havia acontecido no ato anterior, nesse 4º ato foi de tal ordem que provocou repulsa e revolta na população. A polícia tratou a todos como inimigos, houve centenas de feridos, muitas prisões e muita indignação. Entidades nacionais e estrangeiras se manifestaram a exemplo da Anistia Internacional, a ONG Repórteres Sem Fronteiras, a Associação Brasileira de Jornalismo Investigativo etc. Todos criticaram a ação policial. Uma repórter da *Folha de S. Paulo,* Giuliana Vallone, foi atingida no olho por uma bala de borracha e sua foto estampou o noticiário nacional e internacional no dia seguinte. Pesquisa realizada pelo Datafolha no dia desse protesto revelou que 55% dos paulistanos apoiavam os atos de protesto em junho, e 78% consideraram que eles eram mais violentos que o necessário. O 4º ato demonstrou o despreparo das forças policiais para atuar em cenas de conflitos coletivos e difusos, assim como a incapacidade dos poderes constituídos de dialogar/negociar com lideranças dos manifestantes. A polícia argumentou que os manifestantes quebraram o acordo para não ir para a Avenida Paulista. Segundo publicação na mídia, a polícia descumpriu regras do CDC (Controle de Distúrbios Civis). Não havia mediadores, eram os manifestantes de um lado e a polícia de outro. Sem diálogo, a violência imperou, foi a única linguagem a se explicitar. Houve 192 prisões de manifestantes, inúmeros feridos. A partir do 4º ato se pode observar melhor o que foi denominado como as "tribos" que compunham o núcleo permanente dos manifestantes.

O **5º grande ato de protesto** em São Paulo, no dia **17 de junho**, reuniu 65 mil participantes. Ele partiu do Largo da Batata em Pinheiros e transcorreu a maior parte de forma pacífica. Ao final da tarde um grupo protestou defronte à sede da Rede Globo/SP. À noite tentou ocupar o Palácio do Governo Estadual no Morumbi, mas foi impedido, ficando acampado defronte ao mesmo por vários dias seguidos. Nesse mesmo dia, milhares de brasileiros foram às ruas reunindo cerca de 215 mil pessoas em 12 capitais. Somente no Rio de Janeiro, 100 mil pessoas saíram às ruas e houve cenas de violência com a ocupação da Assembleia Legislativa; em Brasília, manifestantes ocuparam o teto do Congresso Nacional, após um fim de semana de protestos e tensão na capital federal, com a abertura da Copa das Confederações (um dos alvos da crítica dos manifestantes), quando a Presidente Dilma foi vaiada por vários minutos pelos torcedores das arquibancadas que não eram das camadas populares, dado o alto preço dos ingressos. Com o vulto que tomaram os protestos políticos, administradores mudaram o tom e o conteúdo de suas falas em relação às manifestações, agora vistas como algo legítimo, próprio da democracia. Criticaram-se as rotulações apressadas, a simples condenação como ação de baderneiros. Com isso, a polícia abrandou sua ação de repressão e aumentou a de vigilância.

Em **18 de junho** houve o **6º protesto** em São Paulo contra as tarifas, reunindo 50 mil pessoas na Praça da Sé. São Paulo teve outra noite de caos. O protesto começou tranquilo e terminou com o retorno da Tropa de Choque e 47 prisões. Houve saques por populares e moradores nas ruas em lojas comerciais na área central (Lojas Marisa, Americanas, McDonald's, na Telefônica Oi etc.), tentativas de arrombamento da sede da Prefeitura Municipal, bancos com vitrines quebradas, Teatro Municipal pichado etc. Linhas do Metrô foram suspensas devido a depredações. Houve manifestação também na porta do prédio onde reside o Prefeito Haddad. A polícia só entrou em ação muitas horas depois de o ato ter iniciado. Nesse dia a presença dos Black Blocs foi registrada por todos os meios de comunicação que cobriram os atos. A essa altura, os protestos já tinham se espalhado por todo o Brasil e no exterior comitês de solidariedade foram criados em Londres, Barcelona, Copenhague, Sydney, Hamburgo, Berlim, Atenas, Istambul, Nova York etc. Pesquisa Datafolha realizada no dia 18 do mesmo mês registrou que 77% dos entrevistados eram a favor dos protestos e somente 18%, contra. 51% consideraram que a polícia agia de forma mais violenta do que deveria; e 67% viam no aumento das passagens o motivo das manifestações, seguida de 38% que consideram a corrupção o motivo principal, e 35%, os políticos. Essa pesquisa revelou também a descrença nos poderes públicos, nos partidos e nos políticos. As redes sociais foram avaliadas como instituições de prestígio (72%), seguida da imprensa (70%), e da Igreja Católica (34%). Esses dados tanto revelam graus de percepção dos cidadãos em relação à sociedade e à política, como a crise de legitimidade dos poderes constituídos e as janelas de esperança da população: na atuação das redes sociais e na vigilância da imprensa.

No dia 19 de junho o Prefeito Haddad, em reunião com o Conselho da Cidade, com a presença de integrantes do Movimento Passe Livre, tentou explicar via planilhas e discursos técnicos que não era possível rebaixar a tarifa de R$ 3,20 para R$ 3,00. A reunião não teve os resultados esperados pelo alcaide. Líderes do MPL já tinham se pronunciado em artigo publicado na coluna Tendências/Debates da *Folha de S. Paulo* que "as decisões devem estar no campo político, não técnico" (*Folha de S. Paulo*, 13/06/2013, p. A3). A tensão entre as autoridades era grande e assim como a pressão para eliminar o reajuste, que veio a acontecer ao final da tarde daquele dia, após reunião do prefeito com o governador do Estado. A redução da tarifa em várias cidades brasileiras (Porto Alegre, Cuiabá, João Pessoa, Recife e Rio de Janeiro) também influenciou a decisão tomada em São Paulo de eliminar o aumento da tarifa.

Em **20 de junho** o **7º protesto** reuniu mais de um milhão de pessoas em 75 cidades do país. Só no Rio foram 300 mil. O que foi pensado como celebração da vitória da principal bandeira dos protestos transformou-se em violência em vários locais. Em São Paulo houve confronto com militantes do PT que foram às ruas com camisetas e bandeiras do partido. A Presidente Dilma cancelou a viagem que faria ao Japão. Os protestos continuaram no dia 21 com bloqueios a rodovias e aeroportos.

No dia 21 de junho o MPL anunciou que não convocaria mais manifestações. Nesse dia a Presidente Dilma, após negar que houvesse crise institucional no país, fez o primeiro pronunciamento público em rede de rádio e TV, prometendo que iria chamar governadores e autoridades para a elaboração de um pacto em torno de melhoria dos serviços públicos. A partir dessa data, o foco da cena, na mídia, foi o governo federal e suas tentativas de dar respostas às manifestações, tendo em vista que a avaliação da Presidente Dilma caiu de 57% para 30% em três semanas, atribuída por muitos aos protestos, o país estava em um momento de escalada da inflação, juros altos e baixo crescimento econômico. Um plebiscito foi proposto para uma reforma política, mas logo retirado da pauta ou agenda do governo, apesar de 68% da população aprovarem a ideia, segundo pesquisa do Datafolha realizada entre os dias 27-28 de junho. Essa mesma pesquisa apontou que 81% da população estavam a favor das manifestações que aconteceram em várias cidades brasileiras, pactos foram propostos nas áreas da saúde, educação, transporte, responsabilidade fiscal, além da reforma política. Foi o maior índice de aprovação popular dado às manifestações.

O mês de junho encerrou-se com várias manifestações contra a Copa das Confederações, realizadas principalmente nas cidades onde aconteciam os jogos. O Brasil ganhou a Copa, a bandeira contra o evento refluiu naquele momento.

1.301 detenções foram realizadas em junho, em 15 capitais do país. Dessas, a Polícia Civil abriu 273 inquéritos sob suspeita de dano ao patrimônio público, lesão corporal e formação de quadrilha. Em São Paulo foram presas 218 pessoas em junho.

2
Depois de junho de 2013

Várias perguntas podem ser feitas sobre as manifestações depois de junho. Mudaram de fato o caráter e o perfil das manifestações, se comparadas com junho? Houve desaceleração do movimento de massa, e isso era esperado? Entraram em uma nova fase? Quais são seus efeitos e impactos?

O impacto e o desenrolar das manifestações nas ruas no Brasil, depois de junho de 2013, devem ser examinados mês a mês ao longo de 2013 para que se possa analisar e avaliar seu papel e reflexo na conjuntura brasileira, no que diz respeito às demandas da sociedade, às políticas públicas e à ação do Estado. O impacto inicial, em junho de 2013, foi um misto de susto, surpresa e adesão de milhares de pessoas a uma nova forma e a um novo sujeito político que estava ausente há muitos anos – os cidadãos protestando em massa nas ruas, especialmente cidadãos provenientes das camadas médias. No capítulo 1 tratamos do desenrolar dos fatos em junho em São Paulo, com algumas referências a outras principais cidades brasileiras, e de como questões de demandas foram sendo negociadas/processadas pelo poder público. Neste capítulo vamos abordar o desenrolar de inúmeras outras manifestações que seguiram junho de 2013, em várias cidades brasileiras, manifestações não mais de composição massiva; cabe verificar que o caráter e os objetivos das mesmas foram se alterando, se comparados com junho.

Inúmeros atos deram sequência em julho de 2013 às manifestações de junho, em um contexto de força e impacto da sociedade civil nas ruas, causando movimentação também no governo, especialmente no nível federal, que tentou formular respostas aos acontecimentos. O cenário das manifestações altera-se depois de junho quanto à forma de atuação – às vezes tornam-se ocupações, como no Rio de Janeiro com ocupações na Câmara dos Vereadores, acampamento defronte às casas do Governador Sérgio Cabral e do Prefeito Eduardo Paes, e Palácio Guanabara, com reivindicações mais focadas (CPI dos ônibus, Onde está Amarildo? – o pedreiro preso para investigações que desapareceu em um morro de favela no Rio, sensibilizando o país todo). A visita do Papa Francisco ao Brasil, ao final de julho, na Jornada Mundial da Juventude também foi uma oportunidade para os manifestantes do Rio de Janeiro darem visibilidade às suas ações em pauta naquela cidade. A visita do papa gerou raros protestos contrários; o que se viu foi um momento de encontro de milhares de jovens. Em julho não houve grandes manifestações convocadas pelo MPL em São Paulo, mas movimentos de categorias específicas tais como o dos caminhoneiros, convocados pelo Movimento União Brasil Caminhoneiros, que realizou 29 protestos e fez bloqueios em 17 rodovias em 9 estados brasileiros; também aconteceram movimentos de motoboys em São Paulo. Destacou-se o Dia Nacional de Luta realizado em 11/07/2013, organizado por nove centrais sindicais, MST, UNE, movimentos populares de moradia etc. O MPL/SP optou pelo apoio à categoria dos metroviários, mas não ao conjunto das manifestações, que considerou ter uma pauta ampla, burocratizada, focada só nos trabalhadores. O Dia Nacional de Luta seguiu pautas e formas de organização tradicionais, não teve adesão da população, mas reuniu cerca de 105 mil pessoas no país, fato inédito nos últimos anos para convocações similares.

As respostas ou antecipações de ações governamentais ficaram em "balões de ensaio", a exemplo do anúncio de plebiscito, de uma reforma, pactos políticos; no entanto, aceleraram-se programas já previstos, como o "Mais Médicos" etc. Os resultados iniciais, mensuráveis, foram o desarquivamento de projetos que transitavam há cerca de uma década ou mais nas casas congressistas e a rejeição de projetos de lei recentes, a exemplo do caso já citado "Cura Gay". Alguns partidos políticos da oposição enunciaram a necessidade de mudanças estruturais.

A partir de agosto de 2013, houve uma desaceleração dos protestos nas ruas, seguida de um acirramento de demandas e lutas específicas, como a dos professores da rede pública no Rio de Janeiro. Outros atores ganharam o foco central nas ações das manifestações e na atenção dada pela mídia – foram os Black Blocs. Esse fato mudou o tipo e o caráter das manifestações nas ruas, que passaram a ser rotineiras para explicitação de uma dada demanda. Algumas manifestações não tinham demandas, só o protesto tendo como alvo uma empresa, por exemplo, contra o grupo da Editora Abril, em 23 de agosto em São Paulo. A Abril edita a Revista *Veja* que em 21/08/2013 foi publicada com a seguinte manchete na capa: "O bando dos caras tapadas". A PM reprimiu o protesto, e o grupo se espalhou pela região destruindo duas agências bancárias e uma loja de carros. Portanto, o relativo recuo da Polícia Militar no início de julho no tratamento aos manifestantes foi abandonado a partir de agosto e cenas de conflito predominaram.

Em setembro de 2013 criou-se grande expectativa ao redor de protestos já tradicionais no dia 7 de setembro – comemoração da Independência do País. O MPL chegou a ressurgir fracamente. Mas tudo não passou de grandes expectativas. O que predominou foram atos de violência. Os Black Blocs comandaram o ato convocado como "Badernaço" nacional; na ocasião já estavam articulados em 23 estados do país via discussões em páginas do Facebook. As manifestações do dia 7 foram confusas, com ataque e destruição contra o patrimônio público e privado e violência policial exacerbada. O retorno à criminalização do movimento foi a forma mais fácil que alguns dirigentes encontraram para responder a essa situação. Com isso, progressivamente descaracterizaram-se reivindicações legítimas geradas nas jornadas de junho, gerando dúvidas e apreensão no público receptor das imagens transmitidas especialmente pela TV nos noticiários noturnos.

A partir de outubro de 2013 as manifestações se desestruturaram. Chegou-se a proibir o uso de máscaras no Rio de Janeiro, depois ocorreram a identificação e prisão dos "jovens mascarados". Em 25 de outubro de 2013, um grupo de 92 jovens foi preso em São Paulo, em manifestação realizada após agredirem um coronel da Polícia Militar. A manifestação aconteceu no Parque Dom Pedro/São Paulo, durante protesto organizado pelo Movimento Passe Livre. Segundo a *Folha de S. Paulo*, "Entre os presos em São Paulo na sexta-feira sob suspeita de participar de atos violentos promovidos por adeptos da tática Black Bloc, há jovens de diferentes perfis, moradores de áreas nobres e da periferia". A idade deles, segundo a reportagem, varia de 16 a 23 anos, predominando os mais jovens. O perfil ocupacional deles destaca-se como: "Entre os manifestantes que continuavam presos ontem, apenas Santos é estudante universitário. Cinco pessoas concluíram o Ensino Médio e dois apenas o Fundamental. Parte deles diz estar trabalhando. Na lista das ocupações estão: ajudante de cozinheiro, conferente, vendedor, comerciário e fotógrafo" (PAGNAN, 29/10/2013). Essa reportagem é interessante porque apresenta o perfil ocupacional e local de moradia de manifestantes que participaram de atos que envolveram violência com a polícia (nas fotos, a maioria usava máscaras). O perfil retratado demonstra que, nesses grupos, há jovens de regiões periféricas, há camadas populares, ao contrário das manifestações de massa em junho, quando os dados disponíveis apontam para predominância de jovens, mas de camadas médias.

Na capital paulista o ano de 2013 se encerra com uma grande ocupação do Movimento dos Trabalhadores Sem Teto (MTST), já bastante antigo, organizado segundo o antigo modelo vertical, com articulações com partidos da esquerda. Nova Palestina é o nome da ocupação. Esse mesmo movimento solidarizou-se com os rolezinhos e promoveu um "rolezão" em janeiro de 2014 em um shopping de luxo de São Paulo, fato que provocou o fechamento do estabelecimento naquele dia (retomaremos esse tema adiante).

Os atos de protestos retornam em janeiro de 2014 com foco em tema já esperado: a Copa do Mundo. No dia 25 de janeiro um protesto convocado via Facebook com o lema: "Não vai ter Copa", mobilizou 30 cidades, sendo dez capitais e o Distrito Federal. Em algumas transcorreu de forma pacífica; em outras repetiram-se as cenas do segundo semestre de 2013 – início tranquilo, policiais apenas na vigilância. Final com violência, quebra-quebra e prisões. Dia 25 de janeiro é o aniversário da cidade de São Paulo, sempre com muitas comemorações, shows, discursos, palanques e autoridades. Em 25 de janeiro de 2014, a manifestação contra a Copa reuniu 1.500 pessoas, partiu da Avenida Paulista à tarde e dirigiu-se ao centro da cidade. À noite vieram os distúrbios: ataques a bancos e comércio, quebradeira. 2.000 policiais reprimiram e prenderam 128 pessoas. O conflito novamente foi noticiado como entre Black Blocs e a polícia. Muitos manifestantes abrigaram-se dentro de casas comerciais e em um hotel na região central para fugir da polícia, que invadiu o hotel e prendeu os que lá estavam. Um ativista foi baleado na região de Higienópolis, quando fugia da polícia. Segundo dados da imprensa, esse ativista era estudante e trabalhador no setor de comércio da Rua 25 de Março. Ele teria adotado o hábito de ir às manifestações em junho quando aderiu aos Black Blocs. Em 22 de fevereiro de 2014 novo protesto contra a Copa reuniu mil pessoas em São Paulo, houve confrontos com a polícia e 120 manifestantes foram detidos. Na sequência de atos contra a Copa, antes do evento, o que mais recebeu destaque na mídia aconteceu em 15 de maio, em protesto denominado o "Dia Internacional de Lutas Contra a Copa" (15M – talvez referência a atos dos movimentos dos indignados na Europa, que entraram para a história segundo o dia em que aconteceram). Nessa data, o número de participantes foi de 65 mil (Datafolha) e houve oito detidos, sinal de mudança na orientação dada à polícia sobre como atuar no ato, que igualmente teve confrontos, vitrines de lojas e bancos depredados e feridos.

3

O PERFIL DOS MANIFESTANTES

Quem são os manifestantes das jornadas de junho?

Manifestações de massa são difíceis de caracterizar o *público participante*. Podem-se buscar as entidades ou siglas que convocaram o ato, pela internet e outros; podem-se captar os nomes de entidades pelos cartazes; ou podem-se resgatar as falas das lideranças que "puxam" a marcha. Tudo isso fica difícil quando a manifestação foge do padrão usual das realizadas pelos movimentos sociais tradicionais, considerando-se que são contra palavras de ordem, líderes verticais, bandeiras partidárias e outras, e além disso muitos usam máscaras nos rostos – o que passou a ser um indicativo de uma dada ala dos protestos. Neste livro utilizaremos algumas pesquisas feitas pelo Ibope e por jornais da mídia paulista como indicativos das camadas sociais que estiveram nas manifestações em junho. O Ibope fez uma pesquisa nacional em 20/06/2013 com 2.002 entrevistados sendo 483 de São Paulo (36%). A amostra foi composta de 50% homens e 50% mulheres. Entre os dados obtidos, sistematizei alguns retirados das tabelas e gráficos apresentados que atendem aos nossos objetivos neste momento: analisar algumas características do perfil dos manifestantes (IBOPE. *Pesquisa manifestantes*, 20/06/2013).

A idade predominante na pesquisa Ibope foi de 14 a 24 anos (43%). Entre 14 e 29 anos de idade a soma sobe para 63% do total. O grau de escolaridade revela-nos que a grande maioria que saiu às ruas foi de camadas médias para cima. 43% tinham curso superior; 49%, ensino básico completo e superior incompleto. Apenas 8% tinham só o ensino básico incompleto. Em relação ao trabalho, 76% trabalhavam e 52% estudavam. Esse dado nos revela algo além das manifestações, uma maior complexidade na estrutura social brasileira. A imagem de uma sequência linear de vida-estudo-trabalho--aposentadoria não é mais a realidade. Grande parte dos que estudam já trabalha; ou trabalha e estuda também, depende do ponto de vista. De toda forma, se no início os estudantes predominaram nos protestos nas ruas, à medida que aumentou o número de participantes nos atos, o perfil dos manifestantes também diversificou-se.

Quanto à renda familiar dos participantes, 23% era de indivíduos com mais de 10 Salários-Mínimos (SM), entre 5 a 10 SM abrangia 26%. Somando-se estes dois últimos dados, têm-se 49% com mais de 5SM. Até 2SM, apenas 15%. Isso leva-nos a afirmar: os mais pobres, a periferia, não estiveram presentes nas manifestações em junho. Não estavam ausentes, mas o caráter de movimento de massa não foi dado por eles.

O transporte público foi o motivo primeiro das razões da participação (37,6%), seguida de outra razão abrangente e importante para se refletir: ambiente político (29,9%). Direitos e democracia foram temas citados como motivação ínfima, apenas 0,6%. É bom recordar que esta última motivação foi a que inflamou milhares de pessoas na década de 1980, no "Diretas Já". Indagados sobre a participação anterior, 54% já a tinham e 46% era a primeira vez, corroborando hipótese deste livro de que muitos estavam realizando seu batismo na política. Pesquisas realizadas em novembro de 2013 em São Paulo, pelo *O Estado de S. Paulo*, também indicaram: de cada quatro jovens que foram às ruas em junho, três protestavam pela primeira vez (*O Estado de S. Paulo*, Cad. esp. Focas, 14/12/2013, p. H2).

Para 62% dos entrevistados na pesquisa do Ibope, a informação sobre as manifestações foi obtida via Facebook. Outros 29% obtiveram o informe também via online (internet e outros). Outro dado relevante: a maioria era composta por usuários das novas mídias, pois 75% dos entrevistados/manifestantes convocaram outros participantes por meio de redes sociais.

A pesquisa do Ibope indica-nos que as imagens de violência mostradas exaustivamente na mídia, especialmente na TV, não correspondem ao universo de valores dos manifestantes. 66% consideravam que as depredações não se justificavam, e 57%, que a polícia agiu com muita violência. 94% dos participantes consideravam que as manifestações promoveriam mudanças reivindicadas. Este dado demonstra a crença no poder da participação/pressão, a crença no ato político de se manifestar. Indagados sobre outros aspectos do cenário político, tais como o interesse por política, 61% afirmaram ter grande interesse, seguido de 28% que disseram ter médio interesse. Ou seja, 89% se interessam pela política, prestam atenção, não são alienados ou apáticos como muitos analistas teimam em afirmar ao caracterizar a sociedade brasileira. Entretanto, indagados sobre os políticos, se os entrevistados se sentiam representados por algum político, os dados são surpreendentes: 83% disseram NÃO, assim como 86% não se sentem representados por algum partido. 96% dos entrevistados não eram filiados a partidos políticos e 86% não filiados a sindicatos, entidades de classe ou entidades de estudantes. Completando o cenário das representações e valores da política dos manifestantes da pesquisa Ibope, 82% disseram que não votariam em candidato corrupto.

Para finalizar os dados da pesquisa em questão, 46% consideravam que o governo deveria arcar com os custos da redução das tarifas, seguida por 29% que atribuíam essa obrigação aos empresários.

Outros dados do universo da política, não captados pela pesquisa do Ibope, mas selecionados neste livro por informes retirados da mídia escrita, referem-se ao perfil político-partidário de grupos que apoiaram as manifestações. A juventude do Psol, PSTU, PCO e alguns militantes do PT estiveram presentes, embora todas as bandeiras partidárias fossem rejeitadas nas manifestações, gerando inclusive tumultos entre os que insistiram em desfraldá-las. Eles eram hostilizados. Alguns movimentos sociais pouco conhecidos como o "Juntos"![2], o "Juntas" ou o "Movimento Para Todos" participaram ativamente. A UNE (União Nacional dos Estudantes), liderada por correntes articuladas ao PCdoB, não teve participação ativa enquanto movimento dos estudantes. Mas a Anel (Assembleia Nacional de Estudantes Livres) esteve muito presente. Grupos de coletivos anarquistas (Black Blocks, Anonymous,

---

2 O Juntos se autodefine de forma genérica como "um movimento nacional de juventude no qual se organizam milhares de jovens de norte a sul do país. Somos entusiastas da ação coletiva e da mobilização de ruas".

Kaos, FAG, Utopia e Luta, Resistência Popular etc.) estiveram presentes, com máscaras ou não. Teve-se também a presença de alguns punks, além de skinheads – usualmente inimigos dos punks, anarcopunks etc. Certamente havia muitos outros coletivos, não pertencentes a grupos internacionais, a exemplo do "Rompendo Amarras", "Fora do Eixo" etc. (este último será retomado adiante). O registro importante é que socialistas, anarquistas e outros se aliaram nas manifestações. Em Porto Alegre a imprensa noticiou que se articularam alianças, tidas tempos atrás como improváveis, entre organizações anarquistas, dissidências de sindicatos e grupos ligados a partidos políticos formando o "Bloco de Lutas".

Quanto às crenças e ideologias presentes, o destaque foram os Black Blocs e suas ações com uso da violência, denominada por eles como "performances" (retomaremos adiante). Ao final de junho, a imprensa denunciou a presença de pessoas supostamente ligadas à extrema-direita, ao tráfico e aos saqueadores nos atos de depredação de prédios públicos e privados, saques no comércio e quebra de vidraças e vitrines. Esse tipo de denúncia serviu para conturbar mais o ambiente político-social e afastar das mobilizações pessoas focadas nas demandas em si.

Os movimentos sociais que têm realizado protestos em ruas, avenidas e na porta de órgãos do poder não tiveram participação significativa, enquanto portadores de bandeiras ou camisetas de seus movimentos. Apenas o Movimento dos Trabalhadores Sem Teto (MTST) marcou presença em junho, ainda que lideranças individuais tenham sido mencionadas, como uma vendedora em Brasília que pagou para um motorista levar pneus (que foram incendiados) para formar barricada nos protestos na época da Copa. Ela foi presa e indiciada.

4

A PARTICIPAÇÃO DE COLETIVOS: MOVIMENTO PASSE LIVRE (MPL), ANONYMOUS E BLACK BLOCS

Os novíssimos movimentos sociais dos indignados das praças, ruas e avenidas, em várias partes do mundo, contam com a presença de grupos anarquistas e reagem com violência à violência policial em dadas circunstâncias. Eles são parte das novas formas de movimentos. Representam a "resistência" – expressão usada nos países da Primavera Árabe para indicar os que não desistem, os que enfrentam e afrontam o poder constituído. Muitos são presos, feridos ou mortos, pois são alvos prediletos das ações de repressão da polícia. Quando acontecem ações violentas, os confrontos são desiguais porque a maioria porta equipamento de autoproteção: máscaras, água, vinagre, bolinhas de gude, estilingues etc. O fato de os movimentos dos indignados serem constituídos por coletivos diversificados e diferenciados causa problemas internos quando um dos grupos aciona ações próprias, ou quer se destacar – mostrando suas bandeiras partidárias, por exemplo, ou usando a violência depredando bens públicos e privados. Acrescentem-se às dificuldades nas ações dos coletivos fatos como os ocorridos em algumas das manifestações, quando grupos de populares aproveitaram a confusão e saquearam lojas e edifícios públicos. Como essas diferenças podem ser resolvidas, em um sistema que se apresenta como de autogestão, sem líderes-chave, foi também um dos motivos das dificuldades no diálogo ou negociação com os poderes constituídos.

A seguir há uma breve caracterização dos grupos que tiveram intensa participação nos protestos: o MPL, o Anonymous e os Black Blocs. Iniciaremos pelo MPL, seguida do Anonymous e os Black Blocs.

MPL (Movimento Passe Livre)

O MPL é um movimento existente desde 2003, restrito a um núcleo militante que reunia ativistas do próprio MPL, integrantes de partidos e coletivos libertários. Assim como os Black Blocs, o MPL estava longe de ser uma novidade no Brasil, mas, pela primeira vez, ambos começaram a ganhar um protagonismo inédito conforme as manifestações cresciam. O MPL tornou-se mais conhecido em 2005, no Fórum Social Mundial em Porto Alegre, e esteve presente em manifestações importantes de estudantes em Salvador em 2003 (conhecida por Revolta do Buzu), seguida de revoltas similares em Porto Alegre, Vitória e Belém. Em 2004 e 2005 aconteceram as "Revoltas da Catraca" em Florianópolis, de grande proporção com muitos participantes na questão das tarifas de ônibus. Promoveram ações em 2006 que denominavam de "escrachos", momentos em que ridicularizaram atos oficiais e pautavam a demanda da Tarifa Zero. Em São Paulo o MPL faz protestos desde 2006, quando houve aumento da tarifa de R$ 2,00 para R$ 2,30. Em 2010 acorrentaram-se a catracas na Secretaria Municipal de Transportes quando a tarifa subiu para

R$ 2,70; e em 2011, quando o ex-Prefeito G. Kassab aumentou de R$ 2,70 para R$ 3,00 os ônibus, o MPL fez uma dezena de atos de protesto, paralisou o trânsito, assim como co-organizou o famoso "Churrascão da gente diferenciada" (ato de protesto contra moradores do bairro tradicional de Higienópolis que não queriam uma estação de metrô na sua região). Mas os protestos foram localizados e não tiveram adesões, atraíram apenas a mídia porque queimaram um boneco defronte ao apartamento do prefeito e também porque incidentes em áreas nobres sempre geram notícia. Em 2011 o MPL contou com o apoio de vereadores do PT (Partido dos Trabalhadores), em 2013 alguns desses políticos vieram a ocupar cargos relevantes no escalão do prefeito petista Fernando Haddad.

A extensão do bilhete único existente em várias cidades brasileiras foi uma conquista que deve ser atribuída à luta do MPL. Dado o papel que o MPL desempenhou nas manifestações de junho, certamente passará a ter um lugar central em novas manifestações futuras e receberá atenção de analistas e gestores. É bom recordar também que a luta pelos transportes públicos é histórica. Relembro a "Revolta do Vintém" em 1880 no Rio de Janeiro, e a luta por transporte (ônibus) ao final dos anos de 1970 em movimentos sociais populares de bairros da periferia em várias cidades brasileiras apoiados pelas CEBs (Comunidades Eclesiais de Base). A mobilidade urbana é uma questão central para o cidadão e para o exercício da cidadania, e une todas as camadas sociais, que sofrem o pesadelo dos deslocamentos diários no trânsito – de ônibus, carro, trem ou metrô lotados.

Segundo o site do MPL, ele se define como:

> um movimento horizontal, autônomo, independente e apartidário, mas não antipartidário. A

independência do MPL se faz não somente em relação a partidos, mas também a ONGs, instituições religiosas, financeiras etc. [...] O MPL se constitui através de um pacto federativo, isto é, uma aliança em que as partes obrigam-se recíproca e igualmente e na qual os movimentos nas cidades mantêm a sua autonomia diante do movimento em nível federal, ou seja, um pacto no qual é respeitada a autonomia local de organização. As unidades locais devem seguir os princípios federais do movimento. Ressalta-se que o princípio da Frente Única deve ser respeitado, estando acima de questões ideológicas. O MPL em nível federal é formado por representantes dos movimentos nas cidades, que constituem um Grupo de Trabalho (GT). O GT é formado por pelo menos 1 e no máximo 3 membros referendados pelas delegações presentes no Encontro. Os grupos locais de luta não presentes devem ter o aval dos movimentos que fizerem parte do GT. Deve-se garantir a rotatividade dentro do GT de acordo com as decisões do MPL local (Disponível em www.saopaulo.mpl.org.br/).

Apesar das declarações no site do MPL, durante as manifestações de junho as vinculações de lideranças do movimento com partidos políticos foram citadas em inúmeros veículos da imprensa brasileira. O Psol, PSTU e PCO foram os partidos citados. Entre os sindicatos, foram citados como participantes em reunião plenária realizada no Sindicato dos Servidores Federais de São Paulo, para organizar o 5º ato de protesto (17 de junho): a Apeoesp (sindicato dos professores da rede pública do Estado de São Paulo), o Conlutas (sindicato dos metroviários e dos servidores da Justiça), além do Diretório Central dos Estudantes da USP (*O Estado de S. Paulo*, 16/06/2013, p. A20). Mais frutífero que buscar relações entre o MPL e os partidos políticos é buscar elos entre as formas de luta antiglobalização do início dos anos de 2000 e manifestações nas ruas em 2013. Os ativistas da alterglobalização criaram, ainda ao final do século XX (1998), durante a I Conferência Mundial dos Povos, a AGP (Ação Global dos Povos), que deu origem como braço de comunicação o CMI (Centro de Mídia Independente) e depois a Indymedia (cf. ORTELLADO, 2012). A AGP incentivou e organizou inúmeros atos de protestos durante as reuniões de cúpula de líderes mundiais, destacando-se as de Seatle em 1999, Gênova em 2001 etc. Essas manifestações, que refluíram no plano internacional após o atentado às torres gêmeas norte-americanas, quando acirrou-se o combate a manifestações sob o argumento de combate ao terrorismo, foram escolas de aprendizagem de muitos ativistas das manifestações no início da nova década em várias partes do mundo, inclusive no Brasil. Um dos movimentos que constituíram o MPL no FSM de 2005 foi o CMI (Centro de Mídia Independente).

Em São Paulo o movimento tinha, em junho de 2013, 25 membros regulares e cerca de 20 líderes ou "orgânicos" que cuidavam da convocação e organização dos protestos. Outros 35 eram nominados "apoiadores". O movimento organiza-se em torno de três princípios básicos: federalismo, apartidarismo e horizontalidade. Planejar as ações e falar com a imprensa eram funções de algumas lideranças específicas. As redes sociais são usadas para a divulgação, mas as decisões são tomadas pelo grupo em reuniões diretas. Os membros se revezam assumindo uma ou duas tarefas de cada vez. Para afiliar-se, é preciso participar de reuniões semanais e das palestras que o grupo promove. "Também não pode ter muita cara de playboy, senão a gente desconfia ser policial infiltrado", diz Érica de Oliveira, 22 anos, estudante de História da USP e membro "orgânico" do Passe Livre.

Em julho, os representantes do MPL que deram entrevistas e se comunicaram com o público eram, em sua maioria, estudantes ou profissionais formados. Dos estudantes, a maioria era da Universidade de São Paulo (História, Geografia, Ciências Sociais, Direito). Entre os profissionais havia professor de História, professor de Música, jornalista etc.

Rodrigo G. Nunes assinala que o MPL teve um objetivo claro em suas demandas iniciais. Ele afirma:

> a riqueza desta luta, que lhe permitiu assumir ressonância tão ampla, está em partir de um objetivo claro, imediato e amplamente consensual (redução das tarifas) para uma discussão mais ampla (lucro das empresas, qualidade dos transportes) e objetivos de médio prazo (abertura das planilhas, passe livre para alguns setores etc.), apontando sempre para uma transformação radical das relações entre capital e trabalho, população e estado (transporte de qualidade gratuito, financiado pela redução do lucro das empresas e impostos progressivos) (NUNES, 2013).

Como pode ser observado na caracterização cronológica que apresentamos sobre as manifestações em junho, o MPL teve um protagonismo predominante nas jornadas de junho. Alguns veículos da mídia o apontavam como o único interlocutor legítimo. Ao longo do mês ele soube se desvencilhar de parceiros ou grupos que tentavam pegar carona no seu prestígio. Após as cenas de violência no 3º e 4º atos, eles tomaram a iniciativa de filmar a ação de exaltados, para contê-los, e defenderem-se dos "inflitrados" que agiam com objetivo explícito de gerar confusão. O MPL teve assento nas mesas de negociações com dirigentes e foi chamado a participar em reunião no Palácio do Planalto, em 24 de junho, quando o governo buscava respostas à crise instalada no país.

No dia 21 de junho, o MPL anunciou que não mais convocaria mobilizações após a redução da tarifa em São Paulo e a persistência de atos de vandalismo e violência nas manifestações. O que aconteceu com o MPL depois de junho? Continuou atuando, porém não mais como o único ou grande "organizador" de manifestações tópicas que aconteceram. Em julho apoiou parcialmente o ato do Dia Nacional de Luta e em agosto entrou com ação no Ministério Público para processar o Estado de São Paulo por repressão nos atos em junho quando houve 218 prisões na cidade de São Paulo. Teve participação discreta nas manifestações do 7 de setembro, e em 25 de outubro convocou uma manifestação em São Paulo que terminou com muita violência envolvendo os policiais e os Black Blocs, prisões etc.

Segundo entrevistas publicadas em *O Estado de S. Paulo*, em dezembro de 2013,

> os grupos que ajudaram a puxar protestos nas capitais brasileiras vivem em compasso de espera. [...] O MPL "tem atuado em questões específicas referentes a transporte fora da região central. Os militantes trabalham na conscientização em torno da mobilidade urbana, visitando colégios e entidades de bairro" [...]. A Avenida Paulista, de certa forma, é um palco de grandes espetáculos, mas a força do movimento vem da construção que ele faz no dia a dia. "Cada vez que a gente

sai à rua, deveria haver um processo anterior de organização", completa Caio Martins, integrante do MPL ("Militância se volta para temas sociais". *O Estado de S. Paulo*, 14/12/2013, p. H3).

O MPL também continuou em várias capitais do país coletando assinaturas para uma Lei de Iniciativa Popular pela Tarifa Zero. Atuando assim, o movimento é coerente com seu programa que diz:

> A via parlamentar não deve ser o sustentáculo do MPL, ao contrário, a força deve vir das ruas. Os princípios constitutivos do MPL serão definidos somente pelo método do consenso. Nas deliberações não referentes a princípios, devem-se buscar propostas consensuais, na impossibilidade, deve-se ter previsto o recurso à votação. [...] O MPL deve fomentar a discussão sobre aspectos urbanos como crescimento desordenado das metrópoles, relação cidade e meio ambiente, especulação imobiliária e a relação entre drogas, violência e desigualdade social. O MPL deve lutar pela defesa da liberdade de manifestação, contra a repressão e criminalização dos movimentos sociais. Nesse sentido, lutar contra a própria repressão e criminalização de que tem sido alvo.

O MPL apoiou manifestações dos sem-teto urbanos no primeiro semestre de 2014, convocando um ato específico sobre a Tarifa Zero para 19 de junho, um feriado nacional de *Corpus Christi*, com a Copa do Mundo acontecendo no Brasil.

Anonymous

A forte presença do Anonymous no segundo momento de junho de 2013 no Brasil atesta a presença de grupos internacionais do ativismo digital nos protestos. O Anonymous é um grupo formado por centenas de coletivos, criado nos Estados Unidos na primeira década deste século. Ganhou notoriedade em 2008 quando declarou guerra à seita religiosa da Cientologia. Na ocasião, eles convocaram pessoas para protestar em frente à Igreja da Cientologia e 9 mil pessoas compareceram. A partir disso ele se ampliou globalmente, com múltiplos propósitos. Ele ganhou a atenção da mídia em 2010 quando realizou um cerco cibernético às empresas que atuaram contra o WikiLeaks, site de denúncias criado por Julian Assange. O Anonymous assumiu causas populares e disseminou suas ações entre os jovens, influenciando movimentos como *Occupy Wall Street*, Primavera Árabe e o combate internacional à censura na internet. Eles usam as redes e tecnologias digitais para participações diretas. Algumas dessas redes são parte das marchas e ocupações a exemplo de alguns ativistas do Anonymous que participaram em 2011 de operações contra os governos da Tunísia e do Egito, durante a Primavera Árabe. Um destaque desse grupo é que a maioria deles esconde sua identidade, ao contrário de lideranças dos chamados novos movimentos sociais das últimas décadas do século XX que se firmavam pela explicitação e defesa de sua identidade. O grupo tem como marca uma máscara inspirada em Guy Fawkes, um soldado católico que, em 05/11/1605, tentou explodir o Parlamento inglês, no levante "Conspiração da Pólvora". A máscara foi popularizada pelo filme *V de Vingança* e a HQ. Há um sem número de sites com intervenções urbanas inspiradas no movimento, a exemplo da ArtUtopia (www.streetartutopia.com).

Fonte: http://wikimedia org//Wikipedia/commons/d/d2/
Anon Tunisia, Creative Commons

A "artilharia virtual" do Anonymous consistia em um recurso simples – usam um programa de computador (por exemplo, o *LowOrbitIon Canon*) que opera sobrecarregando o sistema de um dado site até retirá-lo do ar, a isso chamam invasão. Bancos, sites governamentais, agências de controle de cartões de crédito e de segurança, e órgãos internacionais têm sido os alvos prediletos dos ativistas nas ações como *"hackers"*. Registra-se que o Anonymous teve duas fases – uma pré-Primavera Árabe e *Occupy*, e outra depois. Isso porque em 2011 o grupo assumiu uma face mais politizada, uma militância política que se aliou ao ativismo da cibercultura. O Anonymous colaborou com o *Occupy Wall Street* nos Estados Unidos fornecendo material em imagem e vídeos que ajudavam-se mutuamente. Segundo Danet (2011), o movimento tomou essa atitude depois que o governo americano propôs "ao Paypal, Visa e Mastercard o fechamento das contas do WikiLeaks" – organização sem fins lucrativos que objetiva divulgar informações mantidas em sigilo por meio de documentos e reportagens. Foi fundada por Julian Assange e entrou para a história por publicar documentos confidenciais de governos (*Folha de S. Paulo*, 18/03/2012, p. A20). Entretanto, com essa exposição, muitos ciberativistas foram identificados, presos à espera de julgamento justamente por causa de ataques contra as empresas PayPal, Visa e Mastercard em 2010, em resposta ao corte de serviços do site WikiLeaks. O Anonymous já gerou várias derivações, constituindo-se em facções. Segundo artigo publicado no *New York Times*, algumas facções usam a força bruta para derrubar sites, outras invadem sistemas e furtam dados (SENGUPTA, 26/03/2012, p. 2).

O Anonymous já tem bibliografia como tema exclusivo. Nicolas Danet junto com Frédéric Bardeau publicaram na França, em 2011, "*Anonymous*: *Peuvent-ils Changer le Monde*?" Eles fazem um histórico do movimento até a virada política que tiveram, ao se integrarem às ações do *Occupy* e ao WikiLeaks. Registra-se também um documentário cinematográfico feito sobre eles "*We are Legion – The History of the Hacktivists*" produzido por Brian Knappenberger em 2012. Segundo Brian:

> No Brasil registra-se a presença do Anonymous desde 2011 quando atacaram e derrubaram um site do governo federal. A defesa radical da liberdade de expressão e o acesso livre às informações são bandeiras centrais dos inúmeros coletivos que compõem o Anonymous, em vários países do mundo. A lógica articulatória que dá sustentação a seus princípios difere completamente da lógica que impera no *status quo* ou na organização de grupos de oposição da esquerda. Eles questionam o sistema de representação política e a forma como ocorre esta participação política. Eles realizam um protagonismo virtual, atuam como rede

descentralizada – que lhes permite mais agilidade na organização/disseminação dos protestos.

Pesquisa de mestrado realizada por Machado (2013) atesta: "*É difícil pensar nos Anonymous se você aplicar os conceitos da política tradicional ou do senso comum*". Segundo Sérgio Amadeu, coordenador da pesquisa realizada pela InterAgentes, os "nós de relevância" (termos mais referidos em comentários e páginas abertas à consulta no Facebook), entre os dias 13, 17, 18 e 20 de junho de 2013 no Brasil, detectaram, após interpretação pelo software de visualização de dados Gephi, que: "Os Anonymous tiveram relevância na disseminação das informações e na articulação da solidariedade ao que era o movimento inicial pela redução das tarifas e contra a Copa. Eles foram decisivos" ("Anonymous lidera ativismo digital nos protestos, diz estudo". *Folha de S. Paulo*, 14/07/2013, p. 8). Entretanto a forte presença do Anonymous na divulgação dos protestos não era perceptível à maioria da população que saiu às ruas em junho. Nos atos, apresentavam-se com a tradicional máscara simbolizando Guy Falkes e despertavam curiosidade. Com o ciclo de violência que passou a imperar no segundo momento das manifestações de junho, o Anonymous passou a ficar isolado, juntamente com o grupo que passou a dominar a cena dos conflitos: os Black Blocs.

Os Black Blocs

Envolvido na questão da mudança no sentido das mobilizações pós-junho e no debate ao redor do tema da violência, encontra-se o Black Bloc[3] – movimento ideológico considerado

---

3 Uma fonte sobre a história dos Black Blocs nos Estados Unidos é o livro *The Black Bloc Papers*, editado por David Van Deusen e Xavier Massot

por muitos como anarquista, criado na Alemanha no início dos anos de 1980. No início era ligado ao movimento autonomista da então Alemanha Ocidental (Autonomen), com origem na experiência da autonomia operária na Itália dos anos de 1970 e que se espalhou na Alemanha ainda naquela década, quando grupos começaram a organizar ações diretas contra a construção de usinas nucleares no interior do país por meio da criação de acampamentos nos terrenos onde as centrais seriam erguidas. Outras formas de protesto também surgiram junto aos autonomistas, como em Berlim e Hamburgo, onde grupos de jovens ocuparam imóveis vazios para transformá-los em moradias coletivas e centros sociais autônomos.

A tática dos Black Blocs foi adotada também por adeptos do Movimento Anarcopunk, nascido no Reino Unido nos anos de 1970. No Brasil, os anarcopunks têm participantes das camadas médias, universitários.

Os Black Blocs representam uma das parcelas dos participantes das manifestações em junho. Como vimos em itens anteriores, eles cresceram e sua atuação predominou nas manifestações do segundo semestre de 2013, principalmente após o mês de agosto, nas capitais: Rio de Janeiro e São Paulo. A presença dos Black Blocs mudou a cena nos protestos e manifestações no Brasil. A mídia partiu para a criminalização: vândalos, mascarados e outros adjetivos passaram a nominá-los. Pesquisa do Datafolha de outubro de 2013 apresentou a reprovação da sociedade. No governo federal, o Ministro Gilberto de Carvalho afirmou: "Trata-se de um fenômeno social que nós, para podermos ter uma atuação eficaz, temos de ter

---

[Disponível para download em http://www.infoshop.org/amp/bgp/BlackBlock Papers2.pdf].

um diagnóstico mais preciso. Falta-nos até agora esse diagnóstico mais preciso. Estamos acelerando isso, estamos em diálogo com a polícia, com as autoridades dos Estados, estamos buscando e também com a sociedade, com movimentos juvenis. Porque a simples criminalização imediata, ela não vai resolver", disse o ministro (NALON, 29/10/2013).

Bruno Fiuza em artigo publicado no site www.viomundo, em 08/10/2013, faz um extenso e instigante histórico dos Black Blocs – visto como uma tática de luta, que reproduzimos a seguir[4]. Essa leitura das ações coletivas dos Black Blocs atribui

---

4 "Em 1980, lançou uma grande ofensiva policial contra acampamentos antinucleares e squats em diferentes partes do país. A República Livre de Wendland foi desarticulada em junho, e os squats de Berlim sofreram um violento ataque policial em dezembro. Diante da ofensiva policial, os militantes alemães se organizaram para resistir à repressão e proteger seus espaços de autonomia. Desse esforço nasceu a tática black bloc. Durante a manifestação de 1º de maio de 1980, em Frankfurt, um grupo de militantes autonomistas desfilou com o corpo e o rosto cobertos de preto, usando capacetes e outros equipamentos de proteção para se defender dos ataques da polícia. Por causa do visual do grupo, a imprensa alemã o batizou de Schwarzerblock? (Bloco Negro?, em alemão). Desse momento em diante, a presença de blocos negros se tornou um elemento constante nas ações dos autonomistas alemães, e sua função original era a de servir de força de autodefesa contra os ataques policiais às ocupações e outros espaços autônomos. Da Alemanha, a tática se difundiu pelo resto da Europa, e, no fim dos anos de 1980, chegou aos Estados Unidos, onde o primeiro bloco negro foi organizado em 1988, para protestar contra os esquadrões da morte que o governo americano financiava em El Salvador. Ao longo dos anos de 1990, outros black blocs se organizaram nos Estados Unidos, mas a tática permaneceu praticamente desconhecida do grande público até que um bloco negro se organizou para participar das manifestações contra a OMC em Seattle em novembro de 1999. [...] Graças à ação desse black bloc, a tática ganhou as páginas dos grandes jornais no mundo inteiro, principalmente porque, a partir de Seattle, os black blocs passaram a realizar ataques seletivos contra símbolos do capitalismo global. A mudança se explica pelo contexto em que se formou o Black Bloc de Seattle. A década de 1990 foi a era de ouro das marcas globais, quando os logos das grandes empresas se transformaram na verdadeira língua franca da globalização. Nesse contexto, o ataque a uma loja do McDonald's ou da Gap tinha um efeito simbólico importante, de mostrar que aqueles ícones não eram tão poderosos e onipresentes assim, de que por trás da fachada divertida e amigável da publicidade corporativa havia um mundo de exploração e violência materializado naqueles logos. Ou seja: o black bloc de Seattle

um caráter totalmente espontâneo às ações dos grupos que as adotam. Para algumas alas dos manifestantes Black Blocs, ela é uma tática, não é um movimento. Ela é defensiva, para proteger os manifestantes. Alega-se que em junho "eles" vinham atrás do grupo de manifestantes e depois passaram a vir na linha de frente para proteger. Esse fato conferiria à violência uma legitimidade, é resposta, reação e não ataque. Argumentam que a depredação não é violência, mas é uma intervenção simbólica que atinge o cerne do capitalismo: a propriedade privada. Violência, para esses manifestantes, é ferir pessoas, e isso é o que a polícia faz. Com essa reinterpretação da violência, ele se torna uma estratégia, para uso daqueles que o adotam como tática. Francis Dupuis-Déri pesquisa os Black Blocs desde o final dos anos de 1990 e afirma: "Os Black Blocs são compostos por agrupamentos pontuais de indivíduos ou grupos de pessoas formados durante uma marcha ou mani-

---

inaugurou uma dimensão de violência simbólica que marcaria profundamente a tática a partir de então. Daquele momento em diante, os black blocs, até então um instrumento basicamente de defesa contra a repressão policial, tornaram-se também uma forma de ataque – mas um ataque simbólico contra os significados ocultos por trás dos símbolos de um capitalismo que se pretendia universal, benevolente e todo-poderoso. Foi nesse contexto que a tática chegou ao Brasil. [...] durante as manifestações contra a reunião do G8 realizada em Gênova, na Itália, em julho de 2001. O Dia de Ação Global marcado para 20 de julho de 2001 foi a maior mobilização do gênero até então, e nesse dia as ruas de Gênova foram tomadas por mais de 300 mil pessoas, entre as quais marchou o maior black bloc organizado até então. O grau de confronto com a polícia atingiu um novo patamar e um jovem italiano que fazia parte daquele black bloc, chamado Carlo Giuliani, foi morto pela repressão com um tiro na cabeça. Gênova marcou um divisor de águas para a tática black bloc e para o chamado 'movimento antiglobalização' como um todo. Assim como acontece hoje no Brasil, o debate sobre o uso da violência nas manifestações – mesmo que apenas contra lojas e outros objetos inanimados – criou uma divisão entre ativistas 'violentos' e 'pacíficos' que contribuiu muito para a desmobilização do movimento como um todo dali para a frente" (FIUZA, B. *Black Blocs* – A origem da tática que causa polêmica na esquerda [Disponível em www.viomundo.com.br/politica/black-blocs-a-origem-da... – Acesso em 08/10/2013]).

festação. A expressão designa uma forma específica de ação coletiva, uma tática que consiste em formar um bloco em movimento no qual as pessoas preservam seu anonimato, graças, em parte, às máscaras e roupas pretas" (DUPUIS-DÉRI, 2014, p. 10). Para nós, trata-se de um movimento que tem alcance internacional; o modelo Black Bloc se reproduz em várias partes do mundo e na reprodução adotam-se as táticas preconizadas pelos ideólogos que o criaram – o uso da violência nos contextos e os significados que eles lhe atribuem. Como repudiam as formas da democracia representativa, adotam a ação direta como tática de luta. E, para eles, a ação direta inclui a violência. Trata-se de uma violência performática – há performances previstas: quebrar vidraças, janelas e portas de vidros de bancos e estabelecimentos comerciais de multinacionais ou lojas de carros. A performance mistura elementos interativos, comunicativos e simbólicos de forma a configurar algo além de atos de desobediência civil. Há uma recusa à ordem estabelecida, há contestação política, há questionamento do sistema vigente. Há uma identidade coletiva dialógica que focaliza no ato violento a realização da ação. Os repertórios argumentativos e simbólicos presentes nas raras falas de manifestantes "mascarados" que se pronunciaram na imprensa demonstram que eles buscam ressignificar a violência como um ato entre outros desenvolvidos pelo sistema capitalista opressor. Ela é resposta e ataque. Ela transcorre segundo contextos históricos locais. Eles não se consideram vândalos. As Copas – Confederações em 2013 e Mundial em 2014 – são exemplos destes contextos. Esses eventos acontecem em espaços previamente conhecidos, em políticas controversas, denúncias de superfaturamento, simbologias que recriam um Brasil ideal, não real etc. Por isso passaram a ser alvos prediletos das ações dos Blocs.

A partir da tipologia elaborada por Sykes e Matza (2004) em estudos sobre normas de condutas e técnicas de neutralização dos comportamentos, observa-se que os Black Blocs utilizam quatro técnicas de neutralização: a negação da responsabilidade (parcial porque não negam a autoria da ação, negam que sejam os causadores da violência na sociedade); a negação do dano (porque os objetos danificados são propriedades dos capitalistas etc.); a negação da vítima (afirmam que o alvo é atingir coisas, objetos, não pessoas); e a condenação de quem julga o delito (o delito, para eles, é cometido pela polícia).

Fonte: "Black Blocs". Barros, R. *Jornal Zona de Conflito*, 23/10/2013. Rio de Janeiro.

Em resumo, os Black Blocs se apresentam como uma tática de protesto e criaram uma estética peculiar aos ativistas – roupas pretas e rostos semicobertos (depois que surgiram os Black Blocs, foram criados outros grupos com destaque na cor e estilo de roupas como os Red Blocs e os White Blocs (cf. DUPUIS-DÉRI, 2014, p. 70). A comunicação e interatividade do grupo acontecem online, assim como a adesão aos protestos. Pouco se sabe sobre as formas de organização ou articulações diretas de seus membros. Na rede virtual pode-se encontrar o "Manifesto Black Bloc" e o "Manual da Ação Direta", um guia sobre como realizá-la. Segundo Ortelhado (2013), há sessões no manual sobre desobediência civil, primeiros socorros e leis, direitos e segurança.

    Marco A. Nogueira avalia que a ação dos Blak Blocs "não traz consigo direitos, causas ou utopias, somente o fim dos tempos. Não leva rigorosamente a lugar nenhum. Reforça o sistema em vez de miná-lo. É, na verdade, o efeito colateral de uma vida bloqueada, sem esperanças, sem utopia, individualizada e fragmentada, de uma sociedade em que a violência entrou na corrente sanguínea, de um Estado pouco eficiente, de uma cultura que homenageia o espetáculo, mas não se complementa com uma ética pública consistente. Produto das contradições de um capitalismo sem freios e do descontrole que afeta a vida coletiva" (NOGUEIRA, 03/11/2013, p. E3).

    A *Folha de S. Paulo* noticiou que "desde o início dos protestos de junho pipocaram na internet brasileira dezenas de sites de 'black blocs'. Só no Facebook, surgiram 50 páginas no país, que produziram mais de 74 mil postagens, 160 mil comentários e quase um milhão e meio de 'likes'" (*Folha de S. Paulo*, 20/10/2013, p. C3). O mesmo jornal publicou uma pesquisa do Datafolha ao final de outubro com manchete na primeira página: "Black Blocs são rejeitados por 95% dos paulistanos" (*Folha de S. Paulo*, 27/10/2013). A Revista Época publicou em 11/11/2013 uma reportagem, com chamada na capa "*Os Black Blocs sem máscaras*" afirmando que são movimentos organizados com locais de treinamento para seus atos e planejamento de suas ações. Para nós, a grande diferença entre os Black Blocs e outras formas de ativismos, de grupos presentes nas manifestações, é o sentido e o significado que eles atribuem à violência, e também o uso que fazem dela nos atos de protestos. Conforme citamos antes, seus supostos são outros. A sociedade, movimentos sociais, novos e antigos, e autoridades não sabem como lidar com essa nova forma de expressão que destrói, não tem nome, não se assume como grupo ou movimento.

Para Esther Solano, professora da Unifesp que desenvolve pesquisa sobre os Black Blocs, a violência funciona para eles como uma forma de se expressar socialmente. Caracteriza-os como de "classe média baixa, a maioria trabalha, alguns são formados ou estão se formando em universidades particulares". Esther diz : "Muitos Black Blocs já me disseram que, para eles, a violência é a única forma de expressão pela qual, de fato, são ouvidos. É difícil contestar esse raciocínio. Se a imprensa só dá voz às formas de protesto violento, se o governo reage com mais força diante do fator violência, como impedir que a violência se torne uma forma de protesto generalizada? A violência como forma de protesto não estaria sendo legitimada e reforçada por toda a sociedade que joga o jogo da espetacularização?" (SOLANO & ALCADIPANI, 17/10/2013, p. C7. • SOLANO, 03/11/2013).

Concluímos este capítulo com uma declaração, em outubro de 2013, pelo então Ministro Gilberto de Carvalho, membro do governo federal que realiza intermediações com movimentos sociais na secretaria de governo que coordena sobre os Black Blocs: "Trata-se de um fenômeno social que nós, para podermos ter uma atuação eficaz, temos de ter um diagnóstico mais preciso. A simples criminalização imediata, ela não vai resolver" ("Ministro defende diálogo com os 'black blocs'". *Folha de S. Paulo*, 30/10/2013, p. C5). Esse diagnóstico mais preciso não foi apresentado até o final de 2013. O que foi noticiado foram acordos feitos entre o ministro da Justiça e secretários estaduais de Segurança Pública de São Paulo e Rio de Janeiro para discutir sobre leis e penas mais duras contra "atos de vandalismo". Noticiou-se ainda que a Polícia Militar de São Paulo adquiriu 14 caminhões blindados também denominados de "blindado antimanifestantes". Eles são equipados com jatos d'água que saem de um canhão giratório com alcance de até 60m na horizontal. São veículos usados há mais de duas décadas na Europa para controle de "distúrbios sociais". Em Istambul, em junho de 2013, foram utilizados para evacuar a Praça Taksim (cf. parte II deste livro). Retomaremos adiante a questão da violência nas manifestações do ponto de vista de alguns argumentos teóricos.

5

AVALIAÇÃO DOS INDIGNADOS EM JUNHO E O SENTIDO DAS MANIFESTAÇÕES

A questão da democracia

Uma das questões profundas que estão em pauta nas manifestações de junho no Brasil é a discussão da democracia. Denota-se que a democracia representativa está em crise; a democracia direta é um ideal, viável apenas em pequenos grupos ou comunidades; a democracia deliberativa poderia unir as duas anteriores, mas ainda é um modelo frágil, que padece de arranjos clientelistas nos poucos casos em que acontece. Em suma, a democracia está em crise, mas há certo consenso de que ela é necessária e não se inventou ainda algo melhor. Sendo assim, podem-se buscar, nas atuais manifestações, os indícios de novas formas de organização política, os marcos de uma nova forma – a democracia analógica, aquela que tenta dialogar com a geração digital, que poderá combinar a democracia representativa com a democracia direta via online. Os novos movimentos sociais dos jovens são movimentos sociais e só poderão ser considerados como em transição para movimentos políticos, desde que se entenda a política de forma diferente da atualidade. A política como arte de construção do bem comum. O movimento expressa uma profunda falta de confiança em toda forma de política e categoria de políticos. Eles querem outro país, onde a ética e a política andem juntas. Querem uma revolução na forma de operar a política e não uma reforma ou remendo do que existe, como tem sido proposto por diferentes políticos e noticiado na mídia. Querem mudanças na política via atuação diferenciada do Estado no atendimento à sociedade. Não negam o Estado, querem um Estado mais eficiente. Apresentam-se como apartidários, mas não antipartidários. Não confiam na política atual nem nos políticos. Não se sentem representados no plantel político institucional existente. Eles não têm canais de expressão, com isso detecta-se também uma crise de representação social desses grupos e uma crise de legitimidade das instituições públicas. A linguagem política dos manifestantes é outra. Seus códigos não se enquadram em planilhas, organogramas, planejamentos, siglas de planos e projetos. Não há mediadores. E surge a grande questão: Como reconstruir o espaço do diálogo, para buscar soluções, para reconstruir o espaço político e a própria política em outras bases, visando transformar instituições que já não dão conta das mudanças socioculturais do mundo contemporâneo? A *Folha de S. Paulo* do dia 19 de junho de 2013, auge dos conflitos, em seu editorial, observou que "a ausência de uma voz unificada torna a interlocução com o poder público muito difícil. A direção fragmentada abre inúmeras oportunidades para a ação de grupos arruaceiros. [...] e a falta de foco, por fim, tende a multiplicar as demandas, o que também serve para diluí-las" (p. A2).

Marco Aurélio Nogueira, analisando as manifestações no "calor da hora", afirmou: "A polissemia e vibrante voz das ruas, que agora atinge alto e bom som, têm a ver com a emergência de um novo modo de vida e o esgotamento de um modo de vida de fazer política. Associa-se a uma percepção de que a sociedade está excluída da arena política e quer nela ser incluída e dela participar" (*O Estado de S. Paulo*, 22/06/2013, p. A2). O mesmo autor, em outro artigo, completou:

"As ruas de junho falaram muitas coisas. Suas vozes verbalizaram uma insatisfação que não se imaginava presente no país. [...] Potencializadas pelas redes sociais, turbinadas pela violência policial e pegando a todos de surpresa, as vozes fizeram-se ouvir" ("O ano que não terminou". *O Estado de S. Paulo*, Espaço Aberto, 30/12/2013, p. A2).

Os slogans dos cartazes de junho, a maioria deles escritos a mão, rudimentares, são emblemáticos para ilustrar a questão citada. "Nossos sonhos valem mais que 0,20"; "Democracia Já", "Desculpem o transtorno, mas estamos construindo outro Brasil", ou "Desculpem o transtorno, estamos mudando o país", "A Juventude acordou", "O povo não deve temer o governo, o governo deve temer o povo", "O Gigante acordou", "Ou para a roubalheira, ou paramos o Brasil" etc. Frases que proferiam também expressam seus ideais: "O povo unido não precisa de partido", "Parem de falar que é pela passagem. É por um Brasil melhor". No caso de São Paulo, um ativista do MPL deixou claro: "Nós queremos um novo plano diretor e maior mobilidade na cidade". Portanto, aqueles que afirmam não ter o movimento metas, propostas, projetos estavam cegos e surdos porque suas demandas são a base de outro modelo de desenvolvimento, de acordo com a escolha de outras prioridades nas políticas públicas e com outros parâmetros éticos para os políticos que ocupam cargos públicos. As "vozes" que ecoaram nas ruas em junho não negavam o Estado, mas reivindicaram um Estado menos dependente dos bancos, de multinacionais, empresários etc.; um Estado com pauta social efetiva e não apenas focado nas metas e índices de crescimento e oferta de bens. Clamaram por mais cidadania social.

Entretanto, vários analistas alertaram que faltam a esses movimentos **definições estratégicas, programáticas e teóricas**, alertando para a fragilidade organizatória do movimento, a não definição de rumos e o perigo de serem apropriados por forças conservadoras da direita, como já aconteceu em outros momentos históricos de tensão social. Marilena Chauí chegou a afirmar que ativistas como os Black Blocs "agem com inspiração fascista, mais do que anarquistas". Para Chauí, "os grupos não têm um plano de organização social futuro, em substituição à estrutura social vigente" (*Folha de S. Paulo*, 27/08/2013, p. A9). Observam-se alguns pontos básicos nessas análises. **Primeiro:** muitos diagnosticam situações típicas dos países antes tido como "desenvolvidos" ou o Primeiro Mundo, na crise pós-2008, de cenário sombrio – crise econômica e desemprego. A crise e a situação das classes e lutas sociais em países da América Latina, como o Brasil ou a Bolívia ou a Venezuela, na última década, é bastante diferente da crise dos países europeus ou dos Estados Unidos a partir de 2008. **Segundo:** deve-se observar também que muitos dos que não encontram programa ou estratégias claras nas manifestações o fazem sob a ótica teórica da esquerda, da luta de classes etc. Entretanto, vários desses movimentos se inspiram mais nos ideais dos anarquistas, libertários, socialistas utópicos etc. do que os da esquerda tradicional. É interessante resgatar alguns dos princípios do anarquismo do século XIX na figura de Proudhon e Kropotkin, por exemplo, para observar as similaridades com ideias e ideais contemporâneos nos jovens manifestantes. A ideia de anarquia surge a partir do desejo de liberdade, igualdade, justiça e independência de um governo que não é governo. A reorganização da sociedade deveria acontecer por meio de associações livres de contato. As mudanças econômicas deveriam ter primazia em relação às políticas. As Sociedades de Ajuda Mútua seriam os principais meios de realizar a mudança social sem violência, dado seu caráter. Seu objetivo deveria ser a ação e a cooperação econômica, e não associação para a propaganda política. O sistema que caracterizaria essa nova sociedade foi denominado por Proudhon de mutualista. Além do mutualismo, outras correntes do anarquismo que adotam a violência como forma de ação também estão presentes nas atuais manifestações. Sabe-se que o anarquismo e o socialismo libertário têm várias correntes. E não são só os anarquistas clássicos, há os libertários e autonomistas de Maio de 68 como Castoriadis e Daniel Cohn-Bendit, ou da Internacional Situacionista com Guy Debord, ou ainda o pensamento de Marcuse. Também Foucault, Giorgio Agambem, Antonio Negri, N. Chomsky e outros tratam ou dão subsídios para entender as multidões nas ruas e seus anseios de liberdade.

Embora as manifestações de junho apresentem grandes diferenças em relação às que aconteceram em 1968, em várias partes do mundo, há um elemento importante a relacioná-las: a questão da autonomia, a busca de autoexpressão. A Internacional Situacionista (IS) dos anos de 1960-1970 antecipou também perfis encontrados nos coletivos atuais, com a crítica à "sociedade de espetáculo" (DEBORD, 1995), e a espetacularização dos atos. Nos anos de 1960, a IS teve um papel relevante em vários países da Europa. Criada na década de 1950 na

Itália, inicialmente voltada ao campo da arte e do urbanismo, teve em Guy Debord um de seus principais articuladores. Em Maio de 68, na França, a IS foi presença marcante junto aos grupos que defendiam a autonomia do movimento estudantil e operário. Um dos princípios do manifesto da IS afirma:

"A partir de agora, propomos uma organização autônoma dos produtores da nova cultura, independente das organizações políticas e sindicais existentes no presente momento, pois nós negamos a capacidade de se organizar outra coisa a não ser o acondicionamento do existente" (Manifesto da Internacional Situacionista, 1960).

Daniel Cohn-Bendit, líder estudantil de Maio de 68 na França e atual membro do Partido Verde alemão, disse, em entrevista no Brasil em novembro de 2013: "Nos anos de 1960 prevalecia a defesa dos ideais, socialismo, anarquismo, alguns lutavam em nome de Cuba, da China. Hoje não há a questão ideológica. Isso é bom: lutar por escola melhor, transporte melhor" (COHN-BENDIT, 06/11/2013, p. C7).

Manifestação em Porto Alegre, junho de 2013
Esta imagem foi uma das reproduzidas na mídia online, em noticiários e nos blogs, nacionais e internacionais. Ganhou um título: "O gigante acordou".

Fonte: www.imgur.com

A identidade do movimento

Outra questão importante, que remete a **identidade do movimento**, é o nome. A respeito assinala Rodrigo Guimarães Nunes:

> Há alguns anos, Alain Badiou se perguntava sobre o sentido de Maio de 68 ser conhecido na França como "eventos de maio": "se dizemos que um evento tem 'evento' por nome, isso quer dizer que ainda não encontramos seu nome" [1]. Talvez para situá-los confortavelmente no passado, alguns começam a falar no Brasil dos "eventos de junho". O fato é que nenhum nome (Revolta do Vinagre, Revolta da Tarifa, Inverno Brasileiro...) pegou; ao contrário da Primavera Árabe, do *Occupy Wall Street,* do 15M espanhol, do YoSoy132 mexicano e do Diren Gezi turco, o movimento brasileiro, se assim se pode chamá-lo, não tem nome. Qual é o nome de uma legião, quando legião é seu nome? Não é apenas questão de reconhecer uma identidade ("quem é essa gente?"), mas de identificar uma vontade ("o que eles querem?") (*Le Monde Diplomatique,* 73, 13/08/2013).

No exterior muitos dos protestos dos indignados têm sido conhecidos pela data em que eles iniciaram suas ações coletivas. No caso do *Occupy,* são nominados como movimento. No Brasil têm sido **nominados** pela mídia como "manifestações". Os próprios manifestantes de junho de 2013 no Brasil autodenominam suas ações como "atos". Analistas se referem a eles como "Jornadas". Considero que em junho houve algo mais que manifestações ou atos. Houve "**protestos**". E causa estranhamento a ausência da palavra **movimento** nas referências, assim como não se usa mais o termo "**marcha**", comum nas ações dos sem-terra e outros específicos como

Marcha da Maconha, Marcha das Vadias etc. Alguns analistas os nominaram como "**ondas**". São designações importantes porque remetem à **identidade do movimento**, o nome que as manifestações adotam ou ganham pelo mundo. Logo na introdução nos posicionamos a respeito: o termo "manifestações" ficou como um marco de referência na memória do país. **Jornadas, atos, onda, protesto de massa, mobilizações, revoltas** etc. são outras denominações encontradas, dependendo do ponto de vista do autor do texto. Adotei manifestações como título do livro. Mas vejo-as no contexto de um movimento social, copiadas de partidos hierarquizados – certamente muito diferente dos movimentos clássicos (operários, sindicais, agrários) ou dos chamados novos movimentos sociais da segunda metade do século XX, que tinham na identidade seu eixo articulatório central, organizavam-se de forma diferente das estruturas rígidas dos movimentos operário ou sindicais. Os novos movimentos sociais buscavam se firmar pela identidade que construíam. As manifestações atuais não querem ser nominadas de movimentos, autodenominam-se como pertencentes a coletivos. Não têm lideranças, mas todos são líderes. Autoproduzem imagens com discursos sem referência a tempos do passado, como se não tivessem outras memórias incorporadas além de si próprios. Desde logo registra-se que encontrar eixos identitários ou unidade nos coletivos das manifestações é impossível, pois são blocos diferenciados internamente. São fragmentados. A referência é o presente. A permanência é circunstancial.

O papel da mídia

Muito já se falou sobre o papel da mídia e o uso dos recursos tecnológicos pelos ciberativistas. Minha hipótese é que a mídia escrita, TV, som/rádio e internet foi muito mais que veículo de transmissão dos acontecimentos. Foi parte agente de construção dos eventos, quer seja noticiando as manifestações com destaque, manchetes diárias, divulgando as convocações etc.; quer seja transmitindo os atos em tempo real (papel desempenhado num primeiro momento pela mídia alternativa, a exemplo da Mídia Ninja); quer como parte das manifestações, compondo um bloco formado de fotógrafos, repórteres e jornalistas, que se destacava dos outros dois blocos: os manifestantes e a polícia. Muitos jornalistas e fotógrafos foram feridos e presos.

Segundo Leal Filho, a grande mídia nacional comportou-se assim:

> Embora apanhada de surpresa, como a maioria dos brasileiros, a mídia acabou tendo papel central no desenrolar das manifestações de rua ocorridas em todo o país. Nos primeiros dois dias o tom era de repúdio total. Editoriais dos grandes jornais pediam uma ação enérgica das autoridades para pôr fim aos protestos. No rádio e na TV os jovens que saíam às ruas, sem atos de violência, eram chamados de vândalos. A Polícia Militar de São Paulo atendeu aos pedidos da mídia e desfechou uma série de ações cruéis, combinando truculência com despreparo. Atingiu a todos que estavam na rua, inclusive jornalistas trabalhando. A resposta foi dada também nas ruas de São Paulo, com passeatas que não eram vistas desde a queda do Presidente Collor. De uma bandeira restrita ao preço das passagens dos transportes públicos, as

manifestações ganharam corpo com os milhares de indignados que saíram às ruas para protestar contra a violência policial. A partir daí a mídia mudou o tom. De vândalos os manifestantes passaram a ser protagonistas de um "belo espetáculo democrático" ("As ruas e o vaivém da mídia". *Le Monde Diplomatique*, 72, jul./2013).

Um momento marcante na trajetória das manifestações em junho na mídia nacional foi o debate promovido no programa de TV Roda Viva, da TV Cultura, no dia 17 de junho. Foi anunciado na mídia (*Folha de S. Paulo*) que dois participantes do MPL participariam: Nina Campello e Lucas Monteiro de Oliveira. No dia da gravação, que foi ao ar ao vivo simultaneamente enquanto ocorria o 4º ato, compareceram Bruno Torturra do grupo Mídia Ninja Narrativas Independentes, Jornalismo e Ação, e Pablo Capilé do grupo Fora do Eixo. O Mídia Ninja foi o responsável por grande parte das transmissões em tempo real dos primeiros atos de protesto em junho, a partir de gravações feitas com uso de smartphones, um lap-top e um cabo conectado ao celular. "Para entrar no ar, um dos vários canais gratuitos de transmissão de vídeo na internet. Para atrair espectadores, um post no Facebook, outro no Twitter. A dinâmica de compartilhamento das redes sociais se encarrega de avisar que ela está lá" (HESSEL, 07/07/2013, p. E10). O Mídia Ninja chegou a ter 132 mil "curtidores" no Facebook, segundo reportagem na *Folha de S. Paulo* (28/07/2013, p. A15). Ele foi criado em 2012 a partir do coletivo Fora do Eixo – uma rede de grupos voltados para organização de eventos musicais a partir da captação de diversos recursos que incluía os ganhos com os shows e recursos editais de órgãos públicos (que, segundo seu coordenador, não passa de 3%). O Fora do Eixo foi criado em 2005 em Cuiabá.

Os dois participantes impressionaram muitos telespectadores com suas performances no programa Roda Viva, utilizando uma linguagem carregada de simbolismos e uma lógica argumentativa em suas explicações diferente das usuais. Apresentando-se como mídia alternativa, falaram sobre a construção de novas narrativas colaborativas de conteúdo, *crowdfunding* (alternativas de financiamento coletivo para captação de fundos online, em plataformas virtuais), cubocard (uma nova moeda) etc. Em julho a admiração ao Fora do Eixo eclipsou-se após denúncias de ex-participantes que tinham deixado o grupo, e entraram com processos judiciais porque não eram remunerados pelo Fora do Eixo, e os coletivos que o grupo mantinha utilizavam estratégias de tratamento incompatíveis com o discurso democrático/libertário que se apresentavam na arena pública. As denúncias foram publicadas em matéria da *Carta Capital* e nos jornais da grande imprensa brasileira. Depois de julho eles sumiram dos holofotes da grande mídia, mas não da cena das manifestações. Participaram do Fórum Social Temático realizado em Porto Alegre de 23 a 26 de janeiro de 2014. Esse Fórum é emblemático para demonstrar o poder da grande mídia para pautar ou (retirar da pauta) um tema. Na década de 2010, especialmente no início, quando o Fórum Social Mundial era uma grande novidade, a grande mídia deslocava dezenas de jornalistas para Porto Alegre. Páginas e páginas relatavam o encontro e manchetes diárias eram produzidas, muitas delas na primeira página dos jornais. Em 2014, a mídia de São Paulo noticiou o evento apenas quando teve a presença de políticos/autoridades, e mesmo assim para destacar o que falaram sobre as manifestações (caso do Ministro Gilberto Carvalho). Dia 25 de janeiro de 2014, o retorno de grandes manifestações às ruas para protestar contra a Copa ocupou a capa dos principais jornais paulistas. Acontecia em Porto Alegre o FSM Temático que não teve nenhuma notícia nesses jornais.

Sintetizando, a grande mídia contribuiu de diversas formas com as manifestações, ora ajuda nas tintas sobre "os vândalos" e contribui para a criminalização dos atos como um todo; ora espetaculariza como a coisa mais importante do dia; ora noticia pautas, divulgando fotos, fazendo enquetes, revelando quem eram os manifestantes – muitas vezes via a identificação dos que eram presos. Em que medida as cenas de violência são retratadas em contextos corretos é uma dúvida que fica na leitura dos jornais. O fato de atos de massa serem reduzidos às ações de minorias que "badernizam" ao final contribui como incentivo a novos atos de depredações, pois é esse espetáculo que aparece. Talvez Cohn-Bendit tenha razão: "a sociedade brasileira precisa aprender a lidar com os protestos" (*Folha de S. Paulo*, 06/11/2013, p. C7).

As manifestações de junho foram também noticiadas intensamente pela imprensa internacional, jornais, revistas, TV etc. em várias partes do mundo. Até no mundo árabe a TV Al Jazira dedicou boletins contínuos sobre as manifestações e as reações governamentais. Essa mesma emissora, sediada no Qatar e responsável pela divulgação ao mundo da maioria dos atos ocorridos na Primavera Árabe (a ser tratada na parte II deste livro), em janeiro de 2014 foi proibida e teve 20 jornalistas processados no Cairo pelo regime militar que deu um golpe de estado e derrubou o Presidente Mursi.

A questão da violência nos protestos

A questão da violência entrou na pauta dos movimentos e manifestações no Brasil em 2013 de forma multifacetada e deve ser examinada para a análise das manifestações de 2013.

É importante esclarecer que a violência sempre esteve presente na história dos movimentos sociais no Brasil, quer seja na forma como muitos foram tratados pelas forças policiais, quer como forma de resistência pelos próprios movimentos, especialmente na área rural, onde as relações sociais historicamente são pautadas por formas de violência. A novidade em 2013 é que a violência entra em cena nas manifestações de ruas como tática de uma ala do movimento (Black Blocs) no conjunto mais geral que a compõem. Embora não se denominem movimento mas tática, sua visibilidade performática domina a cena quando acontece.

Nas manifestações de 2013 pode-se indagar se ela ressurge como nova forma de luta social ou internacionalização de formas de protesto. O fato novo é a violência ser apresentada e justificada por algumas alas dos manifestantes como forma predominante da ação no protesto, e aqui encontramos um registro presente de outras lutas internacionais. Trata-se de uma forma internacional de protesto. Ela é justificada por esses grupos como um componente do protesto, demarca e registra o protesto sendo executada pelos dois lados – de mandatários e força policial.

Há várias interpretações na literatura contemporânea sobre a violência. Seu significado é amplo e contraditório, depende do ponto de vista do autor do discurso. Pode aparecer como resultado de tensões e conflitos nos atos de cidadania insurgente, tendo por base um repertório universalista de direitos (HOLSTON, 2013); ou como fruto de contextos situacional e relacional (JURIS, 2005). Em qualquer vertente, ela surge como algo construído a partir da ação de indivíduos nas suas relações sociais e nos contextos sociopolíticos e culturais que vivenciam, atribuindo significados a seus atos e discursos (STANKO, 2002).

Atos de violência contra o patrimônio público e privado ocorreram em junho de 2013, e mais intensamente a partir de julho de 2013, nas manifestações; especialmente no Rio de Janeiro e em São Paulo, foram registrados e caracterizados pela mídia como "vandalismo", patrocinados por manifestantes "mascarados", vistos como grupos de agitadores infiltrados, arruaceiros e outros. Conforme já citado anteriormente, os Black Blocs não consideram seus atos como vandalismo nem violentos por não atingirem pessoas, fazem performances contra o capital e tentam quebrar preconceitos, como a própria ideia de vândalo. Ideologias de alas radicais anarquistas e de desobediência civil fundamentam as crenças e os valores desses jovens. O fato concreto é que a violência, quando passou a ser constante e a predominar nas manifestações, fragmentou os atos e fez dos protestos um campo de ataque e violência. A polícia agiu com violência nessas ocasiões gerando um clima conturbado no qual era difícil identificar quem são os agressores, que grupos tomam essas iniciativas e quais seus objetivos. O debate fica por conta disso: Quem a inicio? A população refluiu, especialmente as camadas médias. O poder público mudou a tática: passou a prender e processar os manifestantes. Prisões, convocações para depor, processos, inquéritos etc. também passaram a ocupar e preocupar os manifestantes, pois já não bastava pagar a fiança para a soltura.

 A prática sistemática da violência nas diferentes manifestações depois de junho de 2013 ofuscou a legitimidade das ações, afastou as grandes massas das manifestações, contribuiu para o isolamento e segmentação dos ativistas. Vários analistas concordam com essas ponderações. D. Cohn-Bendit, na entrevista citada antes, afirma: "O emprego da violência é algo que reduz a influência de uma manifestação sobre a sociedade". O poder das ruas construído em junho passou a ser desconstruído, pois, como alerta H. Arendt, poder e violência não se confundem, a violência não cria poder, o destrói. Na mesma linha, C. Lafer diz: "A violência, por princípio, decepa qualquer possibilidade de diálogo e se contrapõe às regras do Direito que pressupõem a igualdade perante a lei e a imparcialidade do julgamento. Por isso a prática da violência fere a dignidade da pessoa humana e se opõe à democracia, que postula a importância da comunicação e dos debates que fazem a mediação das diferenças na busca de um curso comum da ação" (LAFER, 20/10/2013, p. A2).

W. Safatle levantou uma hipótese interessante a respeito localizando na política brasileira a arte de silenciar às demandas sociais, e a maneira que a violência aparece como revolta contra a impotência política e como reação primeira (cf. SAFATLE, 22/10/2013, p. A2). Junho de 2013 foi um grito contra o autismo da política institucional no Brasil. Por tudo isso, não se pode atribuir a desmobilização das manifestações ou a violência destacada como atributo exclusivo dos grupos Black Blocs. A ação da polícia e o descaso do Estado e suas políticas públicas, que desqualificam os movimentos sociais, ou ignora todos aqueles que não querem seguir a cartilha de seus métodos de "identidade construída de cima para baixo", são também responsáveis pelos atos de violência. A longo prazo, a indignação explode do barril de pólvora criado pela ausência e desprezo às demandas sociais.

Pesquisa realizada pelo Curso Estado de Jornalismo realizada em dezembro de 2013 atestou: 47% dos entrevistados que participaram dos protestos não voltariam às ruas por causa da violência (cf. *O Estado de S. Paulo*, 14/12/2013, p. H3). Pesquisas feitas pelo Datafolha também registraram aumento de rejeição à violência em fevereiro de 2014. Para esse órgão, o índice de rejeição, que era de 15% em junho de 2013, passou para 42% em fevereiro de 2014. Com isso o apoio também declinou, de 81% em junho de 2013, para 52% (cf. *Folha de S. Paulo*, 17/05/2014). Entretanto, o ato de manifestar-se publicamente foi interiorizado na maioria da população como um direito legítimo que dá visibilidade a uma causa, um protesto ou até mesmo uma diversão. Da mesma foma, passou a acontecer entre jovens da periferia com os "rolezinhos" nos shopping centers – reuniões convocadas online para se encontrar/conhecer, zoar, namorar/beijar, mas que, como foi dito antes, foi visto pelos estabelecimentos como um tipo de ameaça de arrastão, e por muitos como ato de discriminação.

Concluindo a respeito da violência nas manifestações, cito Caetano Veloso: "Não gosto da violência nem desejo insuflar o entusiasmo de jovens narcisistas, que adoram se sentir salvadores da humanidade" (*Folha de S. Paulo*, 29/01/2014, p. E1 [Entrevista]). Caetano, "criador" de inúmeras controvérsias, dessa vez ganhou inúmeros aplausos!

Eu também não gosto da violência. Sou da Paz e pelo diálogo!

A falta de diálogo com os poderes públicos

Políticos e autoridades governamentais mostraram-se surpresos com as manifestações em junho no Brasil, especialmente no plano do governo federal que, desde 2003, desenvolve uma intensa política de institucionalização da participação social via conselhos, conferências nacionais, observatórios, defensorias, ouvidorias públicas etc. Ou seja, formas de participação previstas na democracia participativa construída após a Constituição de 1988 era o modelo de mediação conhecido e utilizado pelos poderes públicos, especialmente no plano federal, até as manifestações de junho de 2013. O próprio Ministro Gilberto Carvalho, em janeiro de 2014, em palestra no Fórum Social Temático realizado em Porto Alegre disse: "Ficamos perplexos. [Houve] uma certa dor, uma incompreensão, e quase um sentimento de ingratidão. [Foi como] dizer: fizemos tanto por essa gente e agora eles se levantam contra nós" (BACHTOLD & NERY, 25/01/2014, p. A4). Após o impacto inicial, o governo federal passou a criar uma nova agenda para dar resposta à onda de mobilizações sociais. Isso já demonstra uma vitória e uma conquista da jornada de lutas de junho, muito além da redução dos centavos nas tarifas. A nova agenda foi, de um lado, sendo construída cuidadosamente, segundo dados obtidos via consultorias de pesquisas de mercado visando saber as prioridades dos brasileiros etc. De outro lado, elaborou-se um contradiscurso: as manifestações demonstravam que a sociedade mudou, a renda melhorou e "o povo quer mais". Antonio Risério, ao tratar desse tema, disse: "Dizem que o Brasil avançou tanto nos últimos dez anos que agora vai às ruas dizer que quer mais. [...] Mas o Brasil não foi às ruas dizer que 'quer mais'. O Brasil quer ser 'diferente'. Quer um governo cujo compromisso maior não seja com o mercado e o consumo, mas com a melhoria das condições de vida das pessoas" (RISÉRIO, 26/01/2014, p. E2).

    O fato marcante no segundo semestre de 2013 é que o governo teve dificuldade de encontrar interlocutores após as manifestações de junho. Ao retomar uma agenda de diálogo com os movimentos sociais em julho, os convidados para ir ao palácio presidencial foram os mesmos dos últimos dez anos: movimentos rurais, centrais sindicais, movimentos identidários (mulheres, afrodescendentes, indígenas, movimento LGBT etc.), ambientalistas etc. As novas formas de movimentos, organizadas por ativistas que atuam em redes sociais em torno de tópicos específicos, como o MPL e outros coletivos destacados neste texto, não estavam anteriormente na agenda das políticas públicas. A Secretaria-geral da Presidência da República, que funciona como uma espécie de ouvidoria do governo federal, acumulava de 2012 a agosto de 2013 cerca de 1.774 pleitos oriundos de movimentos sociais sendo que 453 foram considerados como prioritários. Desses últimos, 53% advêm de movimentos de mulheres em luta pela Terra (Marcha das Margaridas) e da Fetraf (Federação Nacional dos Trabalhadores e Trabalhadoras na Agricultura Familiar). Ou seja, na contramão de inúmeras análises sobre a realidade brasileira na última década, que apontam para o acirramento dos conflitos sociais urbanos, especialmente nas grandes cidades, a agenda do governo atribuía a maioria de suas prioridades ao campo, à área rural. Mas o governo federal acelerou, no 2º semestre de 2013, respostas a setores que estavam no foco das manifestações, especialmente da saúde e da educação, com o citado programa Mais Médicos e outros, como o Ciência Sem Fronteiras, na área da educação. Não foram respostas diretas às demandas colocadas – que reivindicam QUALIDADE na educação e na saúde como um todo. Mas os programas, juntamente com o clima social de apreensão, temor predominante no segundo semestre de 2013, e a violência que passou a imperar nos atos e manifestações pontuais, tudo isso contribuiu para deslocar o foco das atenções da mídia para os atos governamentais. Progressivamente aconteceu a recuperação dos índices de avaliação do governo da Presidente Dilma, pré-candidata à reeleição em 2014. Os partidos políticos também correram atrás dos fatos – PT, PSDB passaram a organizar cursos de formação online, a distância, com linguagem voltada para o jovem. Cartilhas utilizadas no passado passaram a ser substituídas por filmes produzidos pela Escola de formação, da Fundação Perseu Abramo (caso PT) e Instituto Teotônio Vilela (PSDB). O PT organizou um evento, o Camping Digital, em abril de 2014, para orientar filiados como se comportar na internet em ano eleitoral. O foco sempre é o mesmo: a JUVENTUDE.

Uma reforma política se faz necessária, e um Estado voltado verdadeiramente aos interesses e às necessidades de seu povo. Perry Anderson, em entrevista a *O Estado de S. Paulo*, afirmou: "A chave para a reforma política precisa ser uma transformação do sistema político, cuja involução para uma ordem decadente e ensimesmada, afastada da vida popular do país, é agora amplamente reconhecida" (ANDERSON, 03/11/2013, p. E2).

Os efeitos das manifestações produziram-se paulatinamente e foram observados na adesão de milhares de pessoas às manifestações, na repercussão internacional das manifestações, em jornais, TVs, revistas, atos de apoio aos protestos (em Londres, Lisboa, Madri, Barcelona, Copenhagen, Berlim, Nova York, Sydney, Atenas, Istambul etc.), e na aceleração da aprovação ou rejeição de propostas no Congresso (a exemplo do arquivamento da PEC 37 e do projeto da "cura gay"). As manifestações levaram também, em julho, a retomada das ações de mobilizações nas ruas por parte das centrais sindicais e movimentos populares rurais e urbanos, que há muito circunscreviam suas ações a atos em Brasília e na participação em conferências e eventos coorganizados por secretarias governamentais. Não deixa de ter significado também a queda da popularidade do governo federal e da Presidente da República (de 55% para 31%) no mês de julho, como indicadores claros de que o movimento não foi apenas duas semanas de agitação nas ruas. Certamente o plebiscito proposto pelo governo federal – instrumento democrático previsto na Constituição – foi uma ideia apressada, não bem-explicitada, que não resolvia a curto prazo as demandas colocadas. Ele serviu para diluir o debate sobre a conjuntura das mobilizações, e foi rejeitado pelo Congresso.

Várias avaliações já foram feitas sobre as manifestações. Algumas apressadas. Outras, mais sensatas e cautelosas. Alguns veem saldos e sugerem caminhos a exemplo de Antonio Maroni que afirmou:

> Uma reforma que amplie as possibilidades e oportunidades de participação, e seja capaz de incluir e processar os projetos de transformação que sujeitos políticos historicamente excluídos dos espaços de poder trazem para o cenário político. Foi essa a principal lição que as manifestações de junho nos colocaram (*Le Monde Diplomatique*, 07/08/2013).

E Caccia-Bava completa:

> A democratização da gestão tornou-se um imperativo para legitimar e revigorar nossas instituições ainda chamadas de democráticas. Ou essas velhas instituições se abrem para uma reforma política, ou as mobilizações não vão parar. Também está em xeque toda a "arquitetura da participação", dos conselhos de políticas públicas e

de direitos, assim como das conferências sobre políticas públicas. Consideradas por muitos um avanço na democratização da gestão, se elas não ouvirem as vozes das ruas, se abrirem para receber novos atores, renovarem as representações e as agendas, criarem novas regras de funcionamento, podem estar chegando ao seu fim como canal de diálogo e negociação com a sociedade (CACCIA-BAVA, 13/08/2013).

Os jovens e as manifestações

Dados oficiais indicam que no final de 2013 o Brasil tinha 30,7 milhões de jovens. Os jovens que participam das manifestações, qualquer que seja a orientação político-ideológica que os motiva, são abertos às utopias, à cultura digital, à revolta contra injustiças sociais. Antes de ocupar territórios do espaço físico, familiarizam-se com o espaço virtual, atuam no novo espaço social criado via o uso da internet. As redes sociais são escolas de educação não formal. Não se pode esquecer da capacidade de aprendizagem dos ativistas, seu poder de reflexão e elaboração de sínteses a partir da prática. Muitos deles estão na fase de batismo na política, aprendendo. Trata-se do exercício de uma cidadania propositiva. Querem viver o exercício de uma cidadania real, não a formal, que se encontra congelada nas letras da lei. Alguns manifestantes sabem o que não querem, e buscam definir o que querem nos parâmetros dos valores que acreditam. Os coletivos e as manifestações são grandes laboratórios de experimentação sobre novas formas de operar a política. Não são alienados. Por isso, já nas primeiras manifestações de junho, uma jovem portava um cartaz: "Eu não sou vândalo, mídia". A identificação compulsória de "vândalos" aos jovens nas ruas reifica uma ordem social previamente estabelecida, de comportamentos positivos e negativos. A liberdade de manifestação é cerceada e vê os manifestantes em um cenário alheio a questionamentos e a insurgências.

Os jovens que participam das manifestações querem ser escutados, querem falar e denunciar o desrespeito aos direitos dos cidadãos, e desejam canais próprios para expressar demandas que não são específicas da categoria jovem, mas de toda sociedade. Vocalizam, por exemplo, que querem educação de qualidade (que inclui mais verbas, salários dignos, infraestrutura física adequada, formação para professores e demais profissionais da rede pública, bibliotecas e salas de informática, metodologias adequadas, transporte gratuito para os estudantes etc.). Para o Ensino Superior não aceitam ações apenas informadas por índices e provas, políticas de cotas, programas como Prouni etc. Na área da saúde notam-se os mesmos questionamentos. Os jovens são otimistas com o futuro e desencantados com o presente, simultaneamente. Do passado, poucos têm trajetórias de militância e experiências associativas anteriores. Participam de coletivos, mas preservam valores individualizantes, que é diferente de ser individualista. A individualização é uma revolução de valores silenciosa que se observa em muitos países europeus na atualidade. Busca-se autonomia aliada a aspirações de ordem qualitativa; o desenvolvimento econômico é uma condição necessária, mas não suficiente. Há outros fatores para dar sentido à autonomia como respeito à cultura religiosa, senso cívico, interesse por causas públicas, participação associativa, confiança no outro e nas instituições, liberdade de escolha etc. Há falta de perspectivas aos jovens sobre o futuro deles na sociedade atual. As políticas públicas de inclusão social propiciaram a ampliação do acesso ao Ensino Superior, mas o mercado de trabalho continua elitista. A maioria dos empregos é no setor de serviços. Os raros projetos sociais oficiais para a juventude circunscrevem-se a eventos culturais, oficinas (música, informática, hip hop). Além de insuficientes, de oferta irregular, esses projetos são voltados para o jovem das periferias, esquecendo-se dos jovens das camadas médias, não atingem o universo dos sonhos e desejos de perspectivas dos jovens em geral.

As manifestações de junho fizeram eclodir novos modos de organização política. Expressaram-se via narrativas novas, diferentes das convencionais/tradicionais advindas em passado recente da esquerda ou dos grupos "politicamente corretos". Ocupam ruas e praças sem uma direção definida. Isso é parte de uma onda mundial dos jovens na cena pública. Uma onda em que liberdade individual é vista como empreendedorismo para construir e guiar-se em redes virtuais; onda em que a política exerce a ocupação de espaços públicos, sem regras institucionais de entidades coordenadoras. Há desconstrução da política e problemas pessoais cotidianos (dificuldade na mobilidade urbana, por exemplo) que ocupam a arena da ordem pública pela dimensão que tomam, numa leitura ampliada do que disse Bauman anos atrás (BAUMAN, 2000).

É fato demonstrado por pesquisas de opinião que a maioria participante das manifestações era formada por jovens de camadas médias ou os "novos incluídos" via mundo do consumo dada a melhoria da renda nos últimos anos. A população pobre, das periferias mais longínquas, pouco participou dos protestos. É essa população a beneficiada pelos programas sociais do governo federal e a ela se deve a recuperação dos índices de popularidade da Presidente Dilma ao longo do segundo semestre de 2013. E foram esses grupos que vieram à cena pública a partir de dezembro de 2013, com os "rolezinhos" das camadas populares. São reuniões de jovens, usualmente moradores na periferia das grandes cidades, também auto-organizados online via redes sociais, para "se encontrar/conhecer, namorar e zoar" nos shopping centers. No início foram em estabelecimentos mais periféricos, depois em regiões centrais, chegando aos shoppings de luxo. Encontrar-se para "zoar" é ato cultural antigo dos jovens da periferia, mas só ganhou destaque no final de 2013 pela escala que alcançou, pela forma como foram tratados inicialmente (questão de polícia, liminares jurídicas impedindo acesso, fechamento de estabelecimento etc.), e pela visibilidade dada na mídia. Também se tornou pauta da agenda governamental e não faltaram análises e denúncias de que se tratava de discriminação racial, atentado à liberdade etc. Movimentos sociais tradicionais, como setores da luta pela moradia e do movimento afrodescendentes, aproveitaram a fama dos rolezinhos, viram discriminação no tratamento dado a eles passando a organizar "rolezinhos ou rolezões" de apoio. Análises apressadas viram como continuação das manifestações de junho. Mas se trata de outra forma de manifestação dos jovens, com recorte predominante nas camadas populares, plugadas online, sem demandas políticas explícitas, mas com uma agenda oculta implícita de demandas – a do direito ao lazer, à diversão, aos templos do consumo (apregoados pelo sistema econômico e pelas músicas que conquistou estes jovens, o "funk da ostentação"). Já que não há centros culturais, espaços para esportes, praças e parques públicos nas periferias, ou políticas públicas culturais para essas camada, os shoppings entraram na mira como o território seguro ideal. Os rolezinhos dos jovens da periferia não são um movimento social, são atos culturais, criados/chamados por indivíduos isolados, que se tornam famosos e criam exércitos de "curtidores" online, e seguidores nos atos coletivos. São similares aos *instantmob*: ações combinadas nas redes sociais para promover uma ação específica no tempo e no espaço, impactar um coletivo e se dissolver. Não visam ter continuidade, só o prazer momentâneo. Sennet (2012) nos diz que um dos grandes desafios da sociedade civil atual é conviver com pessoas diferentes; e a cooperação é uma das chaves para essa convivência, há que se aprender a ouvir para avaliar, em vez de duelar verbalmente. Que tipo de cooperação pode ser gestada em um encontro fugaz, em convivências pontuais, fragmentadas?

Por tudo isso é cedo para balanços incisivos sobre as "manifestações dos indignados em junho". Elas são um enigma a decifrar, é impossível manter mobilizações de massa por muito tempo, com isso elas vão e voltam. O processo se instaurou, está em curso, um novo ciclo apenas se iniciou em junho de 2013. Entre os saldos destacam-se a consciência do direito à manifestação e a visibilidade das desigualdades sociais e má performance das políticas públicas nas áreas da mobilidade urbana, educação e saúde.

Parte II

AS PRAÇAS DOS INDIGNADOS

Quer seja para manifestações artísticas e de lazer, quer seja para atividades econômicas e administrativas, ou para protestos sociais e concentrações, as praças centrais das cidades são marcos referenciais da própria história da humanidade. Na Grécia Antiga a praça era um espaço para o exercício da nascente democracia, para os discursos na Ágora. Nas cidades da Idade Média a praça era o centro das trocas, do comércio e da punição. As cidades coloniais herdaram o "espetáculo" da forca para controlar a população e seus possíveis insurgentes. Na Idade Moderna as praças centrais das cidades ganharam status, reuniam os casarões das elites, hotéis, a prefeitura, igreja, câmaras e o comércio crescente. Seus estilos arquitetônicos e suas funções alteraram-se ao longo dos séculos. Muitas praças com belos e aprazíveis jardins, com fontes, coretos, estátuas e muita arborização, local de encontro e de ser visto, onde as damas desfilavam de chapéus e sombrinhas, como nos jardins retratados na literatura e filmes clássicos do cinema, ou nos antigos *"footings"* de cidades do interior em que as moças caminhavam no centro de filas ou rodas dos rapazes. As praças se transformaram, na contemporaneidade, em espaços de concentração para massas, com grandes calçadões cimentados, sem bancos, área de passagem ou para ouvir discursos, previamente mobilizadas para atos cívicos, a exemplo da Praça Tiamennem Beijin. Muitos desses espaços foram apropriados para a realização de concentrações e protestos em diferentes épocas históricas. A verdade é que as praças sempre tiveram uma função comum: a de ser palco de manifestação, protesto, reivindicações, marchas, concentrações, ocupações etc. Com isso pode-se afirmar: as praças tornaram-se *locus* por excelência de espaço público para o exercício da cidadania.

No século XX, o processo de urbanização excludente das grandes metrópoles levou ao surgimento de outros territórios para o protesto social: as periferias urbanas, tanto em países em desenvolvimento do então Terceiro Mundo, como nos países centrais, a exemplo das periferias e cidades satélites na França, em Paris. Neste novo século as periferias populares mudaram sua face, algumas ressignificaram e incorporaram os tempos modernos, com os novos templos do consumo, os shopping centers. As áreas da pobreza, vulnerabilidade e exclusão se estenderam mais para áreas de fronteira entre o rural e o urbano das grandes metrópoles. Com isso os deslocamentos para as regiões da cidade para participar de manifestações e atos de protesto ficaram cada vez mais distantes e onerosos. Surgiram outras centralidades nas regiões periféricas. E as praças centrais originárias foram ressignificadas. Tornaram-se pontos culturais de atração, local de circulação de jovens, readquirindo antigas funções de sociabilidade e convivência social. Mas a maioria delas ainda conta com edifícios históricos, símbolos de poder (atual ou do passado), compondo patrimônios históricos. Esses locais são emblemáticos por ocasião dos protestos porque, nas praças, por meio das vozes que reivindicam/protestam, se realiza a política não formal – com demandas, diagnósticos e propostas – que deveria, em tese, ser tratada dentro dos edifícios sedes do poder por aqueles que lá estão para administrar para todos.

Na atualidade os eventos e as manifestações nas praças centrais ganharam um dado novo: a expressiva participação dos jovens e recentemente a participação organizada com o auxílio das novas tecnologias na organização e realização dos protestos.

Um fato comum nas manifestações contemporâneas, nos diferentes locais que aconteceram, é o uso do espaço público para realizá-las em praças, parques, ruas ou avenidas emblemáticas para na memória da população local, e lugar estratégico de acesso – perto de estações de metrô, por exemplo. Em alguns casos, a praça não é somente local de acolhimento das manifestações – ela é o fato político que impulsiona os protestos, como no caso da Praça Taksim, em Istambul/Turquia, e a defesa do Parque Gezi, anexo à ela. David Harvey destaca que o uso da praça como espaço público é mais importante que o fluxo de comunicação pela internet, por meio do uso das novas tecnologias pelos manifestantes. Ele denomina esse fato como "união dos corpos no espaço público" (HARVEY, 2012, p. 61). Marion Strecker, jornalista e cofundadora do UOL, fez uma comparação interessante. Diz ela: "*Occupy* é política movida pela pólvora da má economia. Democracia voltando às origens: à praça pública. Mas me lembra demais a internet: não tem um poder central, se desenvolve de modo imprevisível, em direções e em ritmos que não conhecemos antes de acontecer" (STRECKER, 17/10/2011, p. B9).

A parte II deste livro focaliza algumas praças localizadas em centros históricos de cidades que se transformaram ao longo da história em capitais de países, ou grandes metrópoles de aglomerações urbanas. Retrata-se o uso social que a sociedade e o poder público lhes têm atribuído. Em alguns casos, parques contíguos às praças são também analisados, como o caso do Parque Zuccoti em Nova York e o Parque Gezi em Istambul. O trabalho adota abordagem multidisciplinar buscando unir diferentes campos do conhecimento, faz referência a locais onde houve protestos de movimentos sociais denominados como "indignados" sob várias formas. As escolhas dos locais devem-se à importância que adquiriram, no plano internacional e nacional, e a características específicas de cada um. Eles são espaços onde ocorreram manifestações sociopolíticas entre 2010-2013. Tratam-se de praças de grandes metrópoles, localizadas em diferentes partes do mundo, em territórios distintos, a saber: a Praça Tahrir no Cairo/Egito, Praça Mohamed Bouazizi em Túnis/Tunísia, Praça Taksim em Istambul/Turquia, Praça da Puerta del Sol em Madri/Espanha, Praça Syntagma em Atenas/Grécia, Praça do Parque Zuccoti/Wall Street em Nova York/USA, a Willy-Brandt Platz em Frankfurt/Alemanha. Na América Latina podemos citar várias praças que são parte da história social e política do país tais como a Praça de Maio em Buenos Aires, ou no Brasil, Praça da Candelária no Rio de Janeiro, a Praça da Sé, Avenida Paulista/Praça do ciclista e Largo da Batata em São Paulo etc. Neste último, o deslocamento do eixo de centralidade da vida econômico-financeira para outras regiões da cidade deslocou também o *locus* dos protestos. Avenida Paulista e o Largo da Batata, no bairro de Pinheiros, passaram a ser os novos centros das manifestações em São Paulo. Registra-se ainda que o recorte da pesquisa apresentado nesta segunda parte do livro teve como inspiração o filme *O baile*, de Ettore Scola, onde em um mesmo local, um salão de baile, em diferentes épocas históricas, diferentes atores ressignificam com suas performances, segundo os contextos (valsas, cabarés, música moderna etc.). Nas praças, diferentes eventos históricos construíram, como no filme via a música, significados socioculturais e políticos diversos. Os principais atores nas praças da atualidade têm sido os jovens em atos de protestos.

Paolo Gerbaudo, sociólogo e professor no King's College na Inglaterra, ao pesquisar a Primavera Árabe, o *Occupy Wall Street*, disse: "Da Primavera Árabe ao *Occupy Wall Street*, os ativistas se definem como integrantes de movimentos de praças. Eles veem praças e ruas como pontos de encontro da sociedade para protestar contra as instituições. O caso brasileiro é mais complexo, porque envolveu várias cidades, mas também houve a ocupação de lugares que simbolizam a nação, como o Congresso" (*Folha de S. Paulo*, 08/07/2013, p. A12 [Entrevista]).

A pesquisa sobre as praças dos indignados questiona sobre impactos e resultados das manifestações realizadas nestas praças e tem uma agenda ampla de questões, a saber: Qual o papel simbólico das praças que têm acolhido essas manifestações e movimentos? Como os manifestantes se apropriam e ressignificam essas praças, e por que elas são as escolhidas? Como tem sido a apropriação do espaço público destas praças nas manifestações? Houve redesenho de uso dos equipamentos arquitetônicos? Qual a relação entre o uso sociopolítico e cultural das praças do ponto de vista de redefinição de territorialidades? Os efeitos dessas ações são duradouros para a organização dos movimentos que constroem? Qual o papel simbólico das praças nessas manifestações? Qual o papel da memória dos atos e manifestações nestes locais? Qual a identidade dos manifestantes e o que demandam? Quais as possibilidades dessas manifestações sob a perspectiva das lutas emancipatórias? Quais desafios teóricos esses movimentos apresentam? Algumas dessas indagações são tratadas neste livro, outras estão ainda sendo pesquisadas para publicação futura. Neste momento apresentam-se aspectos do cenário onde acontecem as manifestações – com breve registro histórico sobre as praças propriamente ditas, e uma descrição dos atos que aconteceram nesses locais entre 2010-2013. Busca-se estudar e avaliar as manifestações de jovens nestes territórios entre 2010-2013, em protestos que ficaram conhecidos como Movimento dos Indignados, *Occupy Wall Street* e Manifestações de junho no Brasil.

Conforme dito na apresentação, a fonte advém de coleta de dados em pesquisa direta realizada por mim em Nova York, Madri, Atenas, Istambul, Frankfurt e São Paulo, além da coleta de dados via internet (redes sociais) e várias publicações.

1
Oriente Médio: Tunísia/Túnis – Egito/Cairo

As Praças da Primavera Árabe

As manifestações caracterizadas como Primavera Árabe aconteceram a partir de 2010 no mundo árabe, território composto por 21 estados: Arábia Saudita, Argélia, Bahrein, Comores, Djibouti, Egito, Emirados Árabes Unidos, Iêmen, Iraque, Jordânia, Kuwait, Líbano, Líbia, Marrocos, Mauritânia, Omã, Catar, Síria, Somália, Sudão e Tunísia. Alguns incluem a Palestina, embora não seja um Estado oficial. Em comum: a mesma língua e o islamismo. Grande porcentagem da população islâmica do mundo se concentra nestes países, muito diversos em termos econômicos e políticos. A Primavera Árabe refere-se à onda de manifestações iniciada na Tunísia, em 2010, que se espalhou para o Egito, Bahrein, Iêmen, Líbia e Síria, com resultados muito diferentes. Neste texto selecionamos a que ocorreu na Tunísia – brevemente, dado seu papel simbólico, inaugural, e o Egito, a mais noticiada, com diferentes etapas e em curso ainda em 2014. A primeira teve como palco uma praça que hoje leva o nome de seu mártir – Mohamed Bouazizi em Sidi Buzid, uma zona pobre no centro-oeste da Tunísia, próximo de sua capital, Túnis; e a segunda, a Praça Tahir, no Cairo.

Praça Mohamed Bouazizi – Tunísia/Túnis

Autoritarismo do regime político, repressão, conflitos religiosos e economia em crise foram os motores explosivos da revolta que eclodiu na Tunísia em 2010. Na ocasião, um vendedor de frutas, Mohamed Bouazizi, em Sidi Buzid, localidade próxima a Túnis, imola-se em protesto contra o confisco de suas mercadorias, pelo fato de não ter licença para a venda. Na realidade, não foi somente o ato de confisco, o tunisiano foi alvo em público de palavras pesadas, depreciativas, que atingiram sua moral. Uma fotógrafa que acompanhava os protestos e a violência contra os manifestantes naquele país registrou o fato e colocou tudo na internet, rompendo com o apagão mediático imposto pela censura do então Presidente Ben Ali. Também teve papel importante o blog *Nawaat*, de Astrubal. O mundo todo, com acesso às redes e mídias sociais, vislumbrou o ato de desespero do tunisiano e a rede de solidariedade internacional foi imediata.

A praça onde esse fato ocorreu chamava-se 7 de Novembro, e era uma homenagem à data em que o ex-Presidente Zine al-Abidine Ben Ali tomou o poder em 1987. Autoridades a rebatizaram um ano após o suicídio como **Praça Mohamed Bouazizi** em homenagem àquele que deu início aos protestos responsáveis por derrubar o regime de Ben Ali, que fugiu para a Arábia Saudita. Os acontecimentos na Praça Mohamed Bouazizi revelam sua complexidade e dificuldades para a realização de um regime democrático dada a fragmentação social, falta de lideranças com projetos claros, a confusão entre regime político e religioso, com a política sufocada pela religião, e a tendência à islamização da sociedade. Em julho de 2013 o assassinato de mais um político da oposição na Tunísia levou milhares de pessoas às ruas em protesto contra o governo. Ao final de 2013 a crise político-institucional e econômica persistia. Protestos contra aumento de impostos levaram milhares às ruas de Túnis e de outras cidades do país no início de 2014. Política e religião misturam-se, assassinato de líderes acontecem num ambiente turbulento onde uma nova Constituição está sendo construída.

Revolução de Jasmim
(Praça Túnis/Tunísia, 2011)

Fonte: http://outraspalavras.net/posts/tunisia-a-vertigem-do-possivel/

Revolução de Jasmim
(Praça Túnis/Tunísia, 2011)

Fonte: http://pt.wikipedia.org/wiki/Revolução_de_Jasmim

A Tunísia teve um papel fundamental na onda de revoltas no mundo árabe. A Revolução de Jasmin, como ficou conhecida, leva o crédito de ter inspirado outros países árabes no movimento denominado Primavera Árabe, sendo o Egito o primeiro a seguir seu caminho.

Fonte: http://Wikimedia Commons. Révolution des Jasmins. Tunis, 2011.

A Praça Tahrir – Egito

No **Egito**, o mais importante país do mundo árabe, uma grande mobilização popular levou à derrubada do dirigente Mubarak, no poder por 30 anos. Segundo M. Davis "'Pão' foi a primeira reivindicação dos protestos na Praça Tahrir, a palavra ecoa na Primavera Árabe com quase igual intensidade que no outubro russo" (DAVIS, 2012). Eles promoveram atos públicos e ocupações na Praça Tahrir.

Em árabe, Tahrir quer dizer "libertação". "A Praça Tahrir foi batizada depois do golpe de 1952, que depôs o Rei Farouk e reconfigurou o poder pelo mundo árabe. A praça é um vasto espaço aberto, adjacente a empoeiradas e tumultuadas ruas e ao apertado emaranhado de travessas e becos do centro do Cairo outrora um bairro chique, mas decadente desde que a maior parte da elite se mudou para os subúrbios" (STEAVEN-SON. *The New Yorker*, 28/02/2011).

Ao redor da Praça Tahrir, erguem-se várias construções públicas, muitas delas imponentes, que quase parecem formar um diagrama da vida egípcia. No canto norte, está o Museu Egípcio, abrigando um tesouro faraônico de milênios e a estação Sadat do metrô. A oeste ficava o escritório central da antiga sede do Partido Nacional Democrático (PND) do ex-ditador Hosni Mubarak, o qual foi destruído pelos manifestantes em 2011. Ao sul dele, a sede da Liga Árabe. No lado leste da praça situa-se o antigo campus elegante da Universidade Americana no Cairo, em parte construída a partir de um palácio otomano do paxá no século XIX. No canto mais ao sul, se localiza a mesquita de Omar Makram, onde se realizam os funerais de Estado, e o Mogamma, um edifício público construído no começo dos anos de 1950, como presente da União Soviética. O Mogamma aloja uma extensa burocracia – escritórios da receita, da imigração, do departamento de trânsito, bem como vários cartórios –, cuja lógica labiríntica é notória junto à população egípcia.

A Praça Tahrir foi *locus* de dois grandes protestos anteriores a 2011: em 1977, conhecida como a Revolta do Pão, e em março de 2003 protestos contra a Guerra no Iraque.

Tahrir Square
Fonte: http://commons.org/wiki/File:Tahrir_Square_during_8_February_2011.jpg). Autor: Mona.

Segundo Safatle (2012), dois movimentos tiveram inicialmente importância capital nesta derrubada de H. Mubarak – o Kefaya (Basta), Movimento Egípcio pela Mudança e o Movimento 6 de Abril. O primeiro é fruto de uma aliança entre marxistas, islamitas, nasseristas (seguidores do ex-Presidente Nasser) e liberais. O segundo "é um movimento de jovens universitários liderados por Ahmed Maher e que se serviram da internet e do Facebook para fortalecer sua força de mobilização". Esse movimento se destacou a partir de 2008 com a grande greve em El-Mahalla El-Kubra e seu alvo principal foram os militares. Num primeiro momento o M 6 de Abril teve muitos confrontos com a polícia, seguidos de prisões. Depois, alguns líderes, como Ahmed Maher, passaram a estudar outros movimentos que tinham derrubado regimes autoritários, como na Sérvia, assim como leram obras que tratam da resistência não violenta, como "Da ditadura à democracia", de Gene Sharp (*Folha de S. Paulo*, 22/02/2011,

p. A16 [Entrevista]). O movimento egípcio cresceu a partir de 2010 por meio da "revolução virtual" operada pelas mídias sociais. Em 10 de junho de 2010, Wael Ghonim, ao ver no Facebook um jovem ser espancado até a morte por forças de segurança de Mubarak, criou uma página no Facebook: Kullena Khaled Said (Somos todos Khaled Said). O site obteve em dois minutos 300 seguidores e em três dias, 100 mil ciberativistas! Segundo Ghonim, "Essa é a beleza da internet, a história conecta as pessoas" (*O Estado de S. Paulo*, Internacional, 05/02/2012, p. A20). Em 25 de janeiro de 2011, após a derrubada do governo na Tunísia, organizou-se uma marcha por meio da internet e em torno de 15 mil pessoas tomaram a Praça Tahrir. Os protestos se espalharam por todo o país. Registra-se também que o governo bloqueou a internet e as redes móveis do país visando conter os manifestantes. A partir daí, os protestos se concentraram na Praça Tahrir que reuniu em 1º de fevereiro mais de 2 milhões de pessoas na Marcha de um Milhão para ocupar Tahrir. O grupo Anonymous deu apoio efetivo aos atos de protesto no Egito. Em um de seus livros fez a seguinte convocação no que denominou Operação Egito: "If your governments hutd down the internet, shut down your government".

Ghonim foi preso por 11 dias, voltou à TV em 8 de fevereiro de 2011 e reanimou os manifestantes para novos protestos. Três dias depois, Mubarak renunciou, após 18 dias de intensos protestos contra seus 30 anos no poder. A Praça Tahrir, palco das manifestações que ensejaram a queda do governo, vira cenário em que milhares de egípcios comemoram o desfecho da revolta.

A participação de jovens "praticantes das mídias sociais foi fundamental no Egito, e eles não eram originários apenas daquele país. Tiveram apoio de outros jovens via as redes sociais online, tais como Andy Carvin, estrategista sênior da NPR – uma rádio pública dos Estados Unidos. Ele agiu, segundo reportagem de Luciana Coelho (*Folha de S. Paulo*, 15/02/2011, p. A13), "como 'curador' de notícias nos 18 dias da revolta, filtrando e repassando informações online". Segundo Coscelli, "O relatório sobre mídias sociais publicado em junho pela Dubai School of Government mostra dados que ilustram a influência da internet na Primavera Árabe. Segundo o documento, nove em cada dez tunisianos e egípcios afirmaram ter usado o Facebook para organizar protestos ou disseminar seu conhecimento sobre as marchas" (COSCELLI, 17/12/2011).

No entanto, não se pode glorificar os jovens cibernéticos e esquecer a presença da Irmandade Muçulmana. O movimento que gerou a derrubada de Mubarak ganhou organização e mais densidade popular graças à coalisão com a Irmandade. Diferentemente da Tunísia, no Egito a religião não tinha hegemonia na política em termos de fé no islamismo, mas sim a presença de grupos religiosos islamitas junto a setores pobres da população, no campo da assistência social. A Irmandade atua nas periferias do Cairo, nas redes de escolas e ambulatórios de saúde; ela criou um partido político em 2011, o Liberdade e Justiça, espelhando-se em modelos que unem conservadorismo econômico com democracia parlamentar. Os radicais foram expulsos da Irmandade e os protestos de rua, evitados. Safatle conclui que "a natureza espontânea dos acontecimentos egípcios era, ao mesmo tempo, sua novidade e sua fraqueza". Após um ano da revolta na Praça Tahrir, o movimento dos jovens de 6 de abril passou a ser alvo principal da repressão policial, embora continuasse a pressão por reformas políticas e sociais (*Folha de S. Paulo*, Ilustríssima, 29/01/2012, p. 3).

Em julho de 2013, a Praça Tahrir volta a ser o centro das atenções mundiais dados os acontecimentos políticos do país. Um golpe de estado ocorre e derruba o Presidente Mohamed Morsi que havia sido eleito em 2011, com apoio da Irmandade Muçulmana. Não são mais os jovens que se organizavam pelo twitter e clamavam por pão, liberdade e justiça social que lá estão. Eles foram substituídos por novas polarizações, marcadamente políticas, entre apoiadores do golpe militar que retirou Morsi do poder e simpatizantes do ex-presidente, muitos deles membros da Irmandade Muçulmana. Militares organizam uma complicada transição cujo desfecho final ainda está em curso. Em janeiro de 2014 foi aprovada uma nova Carta Constitucional no Egito, a terceira em três anos. Apenas 38% dos egípcios participaram da consulta – um referendo organizado para dar alguma legitimidade aos militares no poder. A nova Carta distancia o país das diretrizes islâmicas construídas no curto período do ex-Presidente Mursi, e dá mais direito às mulheres, fortalece o Exército, a polícia e o Judiciário.

À primeira vista, pode-se pensar que Tocqueville tinha razão quando asseverava: "A revolução é sempre a mesma porque seu sentido igualitário não muda. Mas é também a mesma por gerar mitos e ilusões que se repetem a cada onda" (FRIAS FILHO, 27/08/2011, p. E6). Mas a história necessita de períodos mais longos para ser avaliada. Precisa-se de mais tempo até para qualificar se as manifestações atuais são partes de revoluções que demarcam o tempo em termos da longa duração, ou se são rebeliões ou simples revoltas.

2
EUROPA: GRÉCIA/ATENAS – ESPANHA/MADRI – ALEMANHA/FRANKFURT

A Praça Syntagma – Atenas, Grécia

Fonte: http://commons.
wikimedia.org/wiki/File:Athens_
Syntagma_square_-_Plaza_
Sintagma_-_20060508.jpg#
mediaviewer/Ficheiro:Athens_-_
Syntagma_square
Autor: Orlovic.

A Praça Syntagma é também conhecida como Praça da Constituição. Recebeu esse nome em 1842 pelo Rei Oto I que foi forçado a aceitar a Constituição do país depois de uma rebelião militar. Dois monumentos históricos, o túmulo do soldado desconhecido da Grécia e o Parlamento Helênico, fazem da praça um local simbólico importante na atualidade. Um ponto turístico importante também localizado na praça é a troca da guarda realizada várias vezes ao dia, segundo cerimonial antigo, é um ponto preferido e aguardado pelos turistas para fotos.

Na **Grécia**, os manifestantes produziram um cartaz emblemático para protestarem contra a crise no país – contra o poder e a favor da sociedade. Um braço com a mão em punho cerrado saía da letra O, simbolizando um basta à situação. "Sim à Sociedade, não ao Poder." Inúmeras manifestações e conflitos aconteceram ao longo de 2011 e nos primeiros meses de 2012. Greves gerais convocadas por funcionários públicos foram acompanhadas de protestos de civis contra as privatizações, os cortes nas despesas públicas, a majoração de impostos e taxas, a intervenção do FMI (Fundo Monetário Internacional) e outros fatos gerados pela crise do euro. Dois grandes "pacotes" de resgate da dívida grega foram assinados. O "socorro financeiro" do FMI e da Comissão Europeia chegou em fevereiro de 2012 às custas de pesadas sanções e formas de controle sobre a economia e as contas públicas do país.

A Grécia chegou a situações dramáticas de conflito social em 2012. Nesse ano, sob intenso protesto, cerca de 100 mil pessoas portando cartazes diziam nas ruas: "Ponham fim a este desastre". O governo grego aprovou, em novembro de 2012, um pacote econômico com cortes de gastos, aumento de impostos à população e reformas estruturais para os próximos dois anos, sob o argumento de estar à beira de uma moratória de sua dívida, e se isso acontecesse o país seria forçado a sair da zona do euro.

Em janeiro de 2014, a "falida Grécia assume a presidência da União Europeia" (manchete de *O Estado de S. Paulo*, 01/01/2014, p. B3). O país, que foi acusado de quase ter levado o euro ao colapso, assumiu o mandato "para se firmar como membro sério do bloco". Na realidade, o país precisa renegociar sua dívida externa com Bruxelas, ou mesmo obter um perdão de uma dívida considerada impagável. Enquanto isso, a Praça Syntagma transformou-se em área de lazer – com shows populares ao cair da tarde, reassumindo seu papel turístico, de ponto central das tradições e poder. Forte controle social impera, impedindo novas manifestações. A memória das manifestações na praça entre 2009 e 2011 ficou na história do povo grego e foi registrada em trabalho de resgate de grafites feitos nos muros da cidade na época (cf. SPIROPOULOS, 2013). Os gregos, inventores da arte da política e do maior legado artístico/arquitetônico à humanidade dos espaços de exercício da política democrática – com a praça, a Ágora como centralidade – continuam sua tradição em contexto adverso no cenário internacional.

Puerta del Sol – Madri, Espanha

Fonte: http://upload.wikimedia.org/wikipedia/commons/e/ed/MADRID_100206_UDCI_023.jpg Autor: Alfredo Urdaci.

Os Indignados da **Espanha** com o Democracia Real Ya e o 15M – Movimento 15 de Março – foram os que mais atraíram as atenções da mídia internacional. Madri, Barcelona e Valência foram os locais principais das manifestações, que aconteceram em 170 cidades do país. Acampados em praças simbólicas dessas cidades, tais como a Puerta del Sol em Madri, ou Praça Catalunha, em Barcelona, os jovens demandaram empregos e "democracia real" já, clamaram pela "Juventud sin Futuro", além das críticas à corrupção. Elaboraram um manifesto com 25 propostas em que afirmam: "No somos antissistema: el sistema es antinosotros". Denominaram seu movimento como "uma revolução ética" (VELASCO, 2011, p. 33). Frente aos perigos que afrontam a sociedade espanhola, líderes e militantes de lutas pela democracia decretam: Reacciona! É tempo de ação! (cf. SAMPEDRO et al., 2011).

O Movimento dos Indignados na Espanha ficou conhecido como 15M, referência à data de seu início – 15 de maio de 2011 –, quando uma convocatória feita por redes sociais reuniu milhares de pessoas em sessenta cidades espanholas; muitos deles ficaram acampados em praças públicas. Não foram os sindicatos ou os partidos que convocaram as manifestações, foram cidadãos "plugados em redes sociais (cf. ALVAREZ et al., 2011). Aliás, desde o início se fez crítica radical a todas as instituições do *establishment* – parlamentos, partidos, sindicatos, empresas, igrejas e monarquia (cf. TAIBO, 2011, p. 23). Em Madri houve repressão policial, e fotos e vídeos que registraram essa violência foram divulgados pela mídia online, convidando os cidadãos à resistência pacífica. Houve "panelaços" como protesto à repressão policial. O pano de fundo da crise era econômico: em 2008 o governo contribuiu com recursos para salvar bancos e setores da economia. Veio uma onda de forte desemprego. O acesso ao crédito reduziu-se, a rolagem das dívidas do governo não foi mais possível, agências internacionais passaram a monitorar a economia. Corte e congelamento de salários, redução de benefícios trabalhistas e direitos sociais, demissões, aumento das tarifas, abandono de obras de infraestrutura, privatizações de serviços estatais etc. foram as respostas do governo. O Movimento dos Indignados foi considerado a principal resposta da população à crise, protestava-se contra o desmonte do Estado de bem-estar social, a política de austeridade do governo com cortes nos salários, aposentadorias, fechamento de escolas, cobrança nos tratamentos de saúde etc. Os manifestantes exigiam que as propostas de cortes fossem alvo de referendo nacional. Em 17/09/2012, cerca de 100 mil pessoas protestaram em Madri e enviaram documento ao governo assinado por 900 entidades pedindo que os cidadãos sejam consultados sobre as políticas de austeridade. Uma das faces perversas da crise espanhola foi a crise no pagamento das hipotecas imobiliárias. O eixo articulatório das demandas dirige-se aos governos nacionais e a "Troika", denominação dada aos credores internacionais representados pela Comissão Europeia+FMI (Fundo Monetário Internacional) +BCE (Banco Central Europeu). O livreto "Insolventes", de autor desconhecido com prólogo de Patrícia Torres, publicado em 2011 na França, retrata com clareza o processo de endividamento de milhares de famílias na Europa atual (TORRES, 2011).

O Movimento dos Indignados na Espanha deu origem, em 2011, a um partido político: o Partido X – com o objetivo de romper com a polarização entre os dois grandes partidos do país, os conservadores (PP – Partido do Povo) e os socialistas (Psoe – Partido Socialista Espanhol).

Willy-Brandt Platz Frankurt – Alemanha

Fonte: http://boblejeune.blogspot.com.br/2012/07/occupy-frankfurt-willy-brandt-platz.html

"Occupy Frankfurt" protesters camp outside the headquarters of European Central Bank (ECB) in Frankfurt, Germany, 03/11/ 2011.

A Praça Willy-Brandt Platz foi palco de um acampamento do movimento *Occupy* em Frankfurt, defronte ao Banco Central Europeu onde há um enorme símbolo da moeda euro. Outros bancos vizinhos na praça são: Commerzbank, Deutsche Bank, UBS, Goldman Sachs, DZ Bank, Dekabank – prédios altíssimos e de arquitetura arrojada, além de um museu do euro com vendas de souvenirs aos turistas. O acampamento revestiu-se de importância porque Frankfurt é a principal praça de negócios bancários da Alemanha e de toda a Europa. Em dezembro de 2011, visitei o Occupy Frankfurt, com temperatura abaixo de zero após três dias de intensa neve. Poucos manifestantes estavam no local nas duas visitas que fiz. Na primeira, só observei o conjunto e as barracas de lonas plásticas, registrei as frases dos cartazes, e observei a lógica de organização do local. Estava com muita neve no chão, dificultando a caminhada. Uma tenda servia como secretaria, outra como cozinha, a maioria eram tendas menores e fechadas dado o frio congelante. Contrastando com a forma principal de articulação internacional do movimento – via redes online, a maioria dos cartazes dependurados ou colados nas barracas, postes e fios eram escritos a mão, em papel precário e certamente danificados pela neve.

Na segunda visita, já com menos neve, fotografei o local, conversei com o coordenador da parte da secretaria de comunicações e fui convidada a dar uma entrevista para uma TV local que estava fazendo uma reportagem na ocupação (www.1730live.de/). O ponto de destaque mais visível é o da solidariedade entre os acampados. Sob o frio, em plena época do Natal, eles moviam-se o tempo todo em inúmeras tarefas – limpar, cozinhar, arrumar os cartazes, enviar e-mails, atender no celular a informações, atender jornalistas presentes, visitantes etc. Estavam ali há dias. Estavam presentes no acampamento ativistas de outros países, a exemplo da Austrália. Demonstravam convicção no que faziam. Diziam: "Sem questionar as injustiças, nada acontece". Enfatizaram o caráter pacífico da ocupação e a "tolerância" da polícia local, que não reprimiu a ocupação, embora defronte à principal sede do euro.

Occupy Frankfurt foi considerado por muitos ativistas como "o melhor sítio do mundo para ocupar". Isso porque, em abril de 2012, quando a maioria das ocupações no mundo já tinham sido desalojadas, a de Frankfurt permanecia. Por um motivo raro: eles tinham amparo legal. Segundo explica Thomas, um dos responsáveis pelo Occupy Frankfurt, "Como protesto, temos o direito de acampar aqui. Trata-se de uma lei alemã muito específica de Versammlungsrecht [em tradução livre, direito de assembleia]. A licença para este acampamento foi pedida antes mesmo de ele acontecer, em novembro (de 2011), e é renovada de duas em duas semanas. Nessa altura a polícia vem cá, vê se está tudo em condições, porque temos, por exemplo, de deixar esta passagem livre [um corredor que atravessa todo o parque], e alguém assina a licença para as duas semanas seguintes. Essa pessoa tem de ficar quase sempre no acampamento, dia e noite, só se pode ausentar durante algumas horas".

Segundo um jornalista local, "a estação de metrô Willy--Brandt-Platz, em Frankfurt, lê-se em tamanho gigante: 'You say you want a revolution'. A publicidade ao teatro alemão Schauspiel Frankfurt é só mais uma das coincidências que fazem deste quadrado no meio do centro financeiro alemão o paraíso dos Ocupas antissistema. No local cerca de 30 tendas ocupam quase todo o verde do insípido jardim em frente ao Banco Central Europeu. O símbolo da moeda única, em azul--néon, é provocatoriamente usado como pórtico de entrada para este acampamento, no meio de arranha-céus".

O Occupy Frankfurt durou 10 meses e em agosto de 2012 foi esvaziado pela polícia, sob razões de problemas sanitários e de saúde pública. Cerca de 60 pessoas sobreviviam lá. A notícia foi divulgada como: "Occupy's Frankfurt Camp is Closed as Health Hazard" (*New York Time*, 06/08/2012).

Turquia: Os Indignados entre Europa e Ásia

A Praça Taksim – Istambul

O Prêmio Nobel de Literatura Orhan Pamuk escreveu recentemente: "Vivo em Istambul há quase 60 anos e não posso imaginar que haja um único morador da cidade que não tenha pelo menos uma recordação vinculada de algum modo à praça" (PAMUK, 09/06/2013, p. 6).

A Praça Taksim da atualidade tem seu território desenhado para ser área de passagem – há acesso a linhas de metrô e terminal de ônibus, assim como um local para assistir grandes atos cívicos. Sem bancos ou árvores, só cimento, contrasta com a parte à esquerda, o arborizado Parque Gezi, considerado um dos "pulmões" de Istambul, a maior área verde de uma cidade que cresceu ao longo de rios e canais.

Fonte: Google/Digital Globe

Os protestos começaram após a intenção do governo do islâmico moderado Recep Tayyip Erdogan de remodelar o Parque Gezi, um dos poucos espaços verdes do centro de Istambul. O objetivo seria destruir a área verde para ali colocar um shopping center. A tentativa foi rejeitada pela própria comissão municipal, mas reformulada pelo poder central para uma remodelação que iria retirar cerca de 600 árvores do Parque Gezi, anexo à Praça Taksim, para restaurar um antigo quartel de artilharia do local, sob o argumento de que é um sítio histórico. Junto com a restauração viria um complexo comercial. Na realidade, nas décadas de 1940-1950, o importante na praça e no parque era um pequeno estádio de futebol, o Taksim Gazino, onde havia partidas oficiais. Ainda segundo Pamuk, nos anos de 1960, o local era rodeado por lojas elegantes e galerias de arte. Na década de 1970 a praça foi local de comemorações do Dia do Trabalho, promovidas por sindicatos e ONGs de esquerda. Era um local de comícios e manifestações. Em 1977, 42 pessoas morreram em atos violentos ocorridos na praça. A partir daí a comemoração do Dia do Trabalho foi proibida na praça. A repressão a protestos pacíficos na Praça Taksim transformou o movimento em uma cruzada por direitos civis. Durante os protestos de 2013, manifestantes utilizaram a tática do protesto em silêncio – que consiste em ficar em pé, imóvel e em silêncio, e olhar fixo para a grande foto do líder que unificou a moderna Turquia.

 No início os protestos de 2013 na Praça Taksim eram protestos ambientais pacíficos, encabeçados por 50 ambientalistas em defesa do Parque Gezi. Seu início foi em 27 de maio, como resposta da população contra o projeto governamental de reconstruir no local um quartel militar do tempo do Império Otomano. Essa reconstrução tem um significado simbólico para o governo e negativo para a população. Além da defesa do verde, da rejeição ao resgate de tempos militares passados, também havia questões éticas como denúncias de corrupção relativas à escolha do Grupo Kalyon como a principal empreiteira do projeto. O grupo teria uma ligação muito próxima ao Partido da Justiça e Desenvolvimento (AK), do Primeiro-ministro Recep Tayyip Erdogan, o alvo principal dos protestos. Por fim, e não menos importante, os protestos também foram contra as políticas islamizantes de Erdogan. No início a defesa do Parque Gezi e os atos na Praça Taksim foram desprezados e ironizados pelas autoridades do governo conservador turco que chegou a afirmar que não se tratava de uma Primavera Turca e a ameaça agora chamava-se Twitter.

**Parque Gezi
(Istambul/Turquia)**

Fonte: www.arcimilano.it, Vincini Lontani. Gezi Park Gezi salvo

**Parque Gezi
(Istambul/Turquia)**
(Ocupação: junho de 2013)

Fonte: http://creativecommons,commonswikemedia.org

A mulher de vermelho
Esta foto circulou pelo mundo, na mídia, com este título.

Fonte: http://p2.trrsf.com/image/fget/cf/619/464/images.terra.com/2013/06/04/mulher-de-vermelho-turquia-rtr-5.jpg

Fonte: http://www.centrosjc.com.br/noticias/mulher-do-vestido-vermelho-vira-simbolo-dos-manifestantes-turcos/AP

Raquel Rolnik fez uma observação importante a respeito da ocupação da praça:

> Na verdade, a transformação da Praça Taksim foi a gota d'água de uma série de projetos adotados pelo governo de Istambul, que tem transformado radicalmente o tecido socioterritorial da cidade e contra os quais a população tem resistido. Particularmente grave, por exemplo, tem sido o "Sulukule", projeto de renovação urbana que deslocou moradores tradicionais de áreas centrais para as periferias, além de uma série de privatizações de espaços públicos de uma cidade que tradicionalmente vive nas ruas. Contra esse processo, desde 2005 um movimento pelo direito à cidade, inicialmente constituído por profissionais ligados à temática urbana e a pessoas afetadas pelas remoções, foi ganhando apoio e momentum, até que em maio explodiu a ocupação da Praça Taksim. "Praça Taksim: protestos em Istambul pelo direito à cidade" (Blog Raquel Rolnik, 04/06/2013).

O protesto na Praça Taksim uniu pessoas de diferentes camadas sociais que enfrentaram a polícia nas marchas de protestos nas ruas e na ocupação do parque. Com participação majoritária de jovens, várias categorias profissionais foram citadas nas reportagens sobre os protestos, assim como pessoas de várias idades. **Oliver Trenkamp**, da revista **Der Spiegel, por exemplo, mencionou engenheiros, professores, trabalhadores da construção civil, ativistas da esquerda etc.** O hino ou palavra-chave dos manifestantes era: "Todos nós somos Taksim, todos nós somos resistência".

Fonte: tumblr #OccupyGezi (http://occupygeziparkistanbul.tumblr.com/)

A foto acima é reveladora do clima de confronto entre os manifestantes e a polícia que demarca o território onde os manifestantes não podem mais avançar. A rua repleta de manifestantes é uma rua comercial, com lojas de marcas famosas, e desemboca na Praça Taksim. Inúmeras vezes o limite/barreira policial foi transposto, o conflito aconteceu e o carro blindado antimanifestante com jatos d'água foi acionado. Aliás, foi com jatos d'água que o Parque Gezi foi evacuado às 5h da manhã do dia 11 de junho.

Praça Taksim/Istambul

Fonte: tumblr #OccupyGezi

Após 13 dias seguidos de atos de protesto e ocupação da Praça Taksim, o governo reagiu com ameaças e ações violentas. A desocupação via ação policial aconteceu ao amanhecer de 11 de junho de 2013. Os manifestantes ocuparam e acamparam no Parque Gezi, ao lado. Mas foi por pouco tempo, logo foram expulsos do parque também com uso de caminhões de jato d'água (blindado antimanifestante) e todo equipamento militar da polícia antidistúrbios. O Parque Gezi passou a ser ocupado por forças policiais, com acesso proibido ao cidadão comum. Os conflitos e confrontos levaram a morte de 4 manifestantes e cerca de 8.000 feridos durante o período de menos de um mês de protestos. Houve manifestação contra a violência policial na Turquia em várias partes da comunidade internacional. Em julho de 2013 ocorreram novas passeatas e protestos na região da Praça Taksim, que teve o acesso fechado por forças policiais nos dias de protesto.

Praça Taksim/Istambul

Fonte: http://www.sapo.pt/ (Coluna Mundo, 16/06/2013: "Milhares de manifestantes turcos nas ruas em direção à Praça Taksim em Istambul")

Um dado interessante das manifestações na Turquia, que ocorre também em outros países da Primavera Árabe, é o envolvimento de torcidas de clubes de futebol nos protestos. Em Istambul, os torcedores dos três principais clubes de futebol – Besiktas, Galatasaray e Fenerbahce – estiveram envolvidos nos protestos, ou planejaram manifestações simultâneas em Taksim, criando uma unidade de ação que não existe no plano do futebol. Outro registro significativo é: os protestos não ficaram somente nas questões do Parque Gezi em si, ampliaram-se para demandas políticas, contra o regime político de Erdogan e contra sua política econômica, espalhando-se para outras cidades do país. Em dezembro de 2013 nova crise institucional atravessou a Turquia com denúncias de corrupção e demissão de políticos. Houve manifestações e os manifestantes portavam cartazes com palavras de ordem como "Taksim está em todas as partes. Resistência em todas as partes". Junho de 2013 em Istambul, assim como no Brasil, entrou definitivamente para o calendário das manifestações que fizeram história, marco referencial nas lutas do país. A crise inflacionária do início de 2014 é apenas uma ponta do *iceberg* que as manifestações denunciaram.

A Praça Taksim e o Parque Gezi consolidaram-se como espaço de resistência. A justiça turca declarou ilegal o projeto do governo de transformar a zona verde da praça, o Parque Gezi, num centro comercial. Os "ajuntamentos" de pessoas na Praça Taksim continuaram proibidos, e o Parque Gezi foi reaberto ao público. As imagens da mistura das culturas do Ocidente e Oriente ficarão para sempre no registro das histórias de resistência e luta, a exemplo da que apresentamos a seguir, um manifestante/dançarino sufi dança com uma máscara antigás.

Fonte: http://CreativeCommons,Wikimedia.org/wiki/File Whirling Sufi Protester wearing gas mask in Gezi Park, 02/06/2013. Autor: Azirlazarus.

Manuel Castells, em palestra no ciclo de seminário no Brasil "Fronteiras do Pensamento", citou a Turquia como exemplo de movimento contemporâneo. Ele disse que esses movimentos começam na internet, mas não são essencialmente digitais. "Eles só tornam-se visíveis e passam a existir de fato quando tomam as ruas", explicou, reforçando que esses movimentos acontecem há apenas cinco anos e não têm lideranças, repudiam a violência e, embora não tenham objetivo definido, encontram coincidências e semelhanças ao indignar-se. "São movimentos emocionais e que se unem pela recuperação de uma dignidade que se perdeu. Às vezes eles começam pequenos e parecem que se mobilizam por pouca coisa, mas funcionam como apenas uma gota a mais em uma indignação que existe em todos os setores sociais, que as pessoas não aguentam mais", realçando que isso pode ser a construção de um shopping para turistas na Praça Taksim na Turquia ou no aumento de centavos nas passagens de ônibus em São Paulo. "Centenas de milhões de pessoas já participaram destes movimentos", continua, "e são movimentos que podem ter saído das ruas, mas não desapareceram. Eles continuam online. Quando vem a repressão física, eles se retiram das ruas, rediscutem online. Não têm líderes nem programa, mas têm a capacidade de resistir e de renascer a qualquer momento. Isso só acontece porque há a capacidade de autocomunicação de massa que os permitiu existir".

E conclui: "A palavra 'dignidade' aparece em todos os países, em todos esses movimentos, em diferentes países e culturas. Eles não têm uma reivindicação concreta, mas querem o reconhecimento da própria dignidade, pois as pessoas não se veem reconhecidas como pessoas ou cidadãos" (MATIAS, 12/06/2013).

3
ESTADOS UNIDOS/NOVA YORK

Parque Zuccotti – Wall Street – Nova York
Fonte: http://commons.wikimedia.org

Movimento *Occupy Wall Street*

O Movimento *Occupy Wall Street*, iniciado em 17 de setembro de 2011, em **New York** agregou centenas de pessoas no Parque Zuccotti, no sul da Ilha de Manhattan, próximo ao coração do capital financeiro do país e do mundo. Inicialmente os manifestantes tinham vários slogans, mas o que de fato sensibilizou e mobilizou a população foi: "Injustiças perpetradas por 1% da população – elites políticas e econômicas afetam os outros 99%, nós" – "Ocupem *Wall Street*". Embora sem uma plataforma clara, o slogan citado criou uma identidade aos adeptos – ser contra ou criticar o capitalismo financeiro, não as instituições propriamente ditas. Criticam-se os poderes desmedidos dos agentes financeiros. Na realidade, após quatro anos de crise econômica nos Estados Unidos que levou milhões de cidadãos a terem suas casas tomadas por bancos porque suas dívidas eram impagáveis, queda no padrão de consumo – que sempre foi uma mola da economia e da integração dos indivíduos na vida social e 24 milhões de desempregados ou subempregados. A financeirização da economia nas últimas décadas explica grande parte da crise. A crise deu legitimidade e espaço para que a população norte-americana, num primeiro momento, visse os insurgentes como heróis, aqueles que estavam tendo a coragem de apontar os culpados pelas desgraças da maioria. Nesse cenário, o movimento surgiu e começou a se espalhar por várias cidades do país.

Fonte: June08_zuccottipark_DSC_0093_id_9005579978_CC_NC_BY_MichaelFleshman_60513726@N03.jpg Windows, Galeria de fotos.

Robert Darnton, historiador francês que se especializou na análise da Revolução Francesa, afirma: "Os protestos devem ser levados a sério. Não como uma ameaça de qualquer tipo de agitação revolucionária, mas como sinal de inquietação profunda. [...] A fúria dos manifestantes, que não têm líderes nem programa claro, ecoa pelo país e poderia ser sintomática de uma nova onda de tipo populista" (DARNTON, p. A14). Na realidade *Occupy* teve matrizes fundantes. O grupo *Adbusters*, criado há cerca de 20 anos, de fundamentação anarquista, foi um de seus principais articuladores. *Adbusters* sempre lançou campanhas radicais visando questionar o modo de vida americano e as grandes corporações, centrado no consumo. "Dia sem Compras", e "Natal sem Compras", ou "Transfira seu dinheiro" (de um grande banco a um banco comunitário) foram as principais. O ativista Kalle Lasn foi um dos principais articuladores do "*Occupy Wall Street*".

Assim como na Primavera Árabe e os Indignados europeus, os participantes do *Occupy* foram convidados/convocados por redes de mídias sociais. Alguns grupos assumiram ou foram indicados como os responsáveis pelos e-mails que convidavam para assembleias, tais como o "*Adbusters*". As pautas do protesto incluíam o repúdio ao desemprego, a desigualdade social, a insaciável busca de lucros pelas corporações financeiras, a corrupção, a condenação dos lobistas que defendem interesses privados junto ao poder público etc. Buscava-se, além das denúncias contra o sistema financeiro, levar bandeiras de campanha em prol de cooperativas de crédito.

Uma boa parte dos ocupantes era formada por voluntários convocados por mídias sociais, que aderiram ao acampamento organizando o setor de alimentação, ou o setor de limpeza e cuidados com banheiros químicos, recolhimento de doações (especialmente alimentos), comitê de saúde com médico para atendimento, centro de mídia e publicidade (nos quais postar e-mail e fotos, e produzir vídeos eram atividades centrais). Uma biblioteca foi formada a partir de doações, criado um jornal (*Occupy Wall Street Journal*), organizadores dividiram-se entre as tarefas de coordenar assembleias e passeatas – que ocorriam várias vezes ao dia, usualmente ao redor da praça. Segundo uma participante, no início a organização do grupo era feita por cidadãos classe média, jovens brancos. Depois o grupo se diversificou. Moradores de ruas, sem-teto, hippies aderiram ao movimento, assim como alguns sindicatos, imigrantes, veteranos de guerra, jovens desencantados, grafiteiros, estudantes e professores universitários e alguns profissionais liberais e funcionários do setor de saúde. A capacidade de inovar e criar em cima do fato, do momento, é outra característica dos participantes, fortalecida pelo domínio dos meios de comunicação online.

Artistas e intelectuais apoiaram a ocupação, tais como o diretor Michael Moore, a escritora Naomi Klein e o rapper Kanye West. Um dos principais ideólogos dos manifestantes passou a ser o filósofo Slavoj Žižek. Em um de seus discursos aos manifestantes afirmou: "Hoje, todos os principais termos que usamos para designar o conflito atual 'guerra ao terror', 'democracia e liberdade', 'direitos humanos' etc. são termos falsos que mistificam nossa percepção da situação em vez de permitir que pensemos nela" (*O Estado de S. Paulo*, 17/10/2011, p. L6).

A ocupação do Parque Zuccotti durou dois meses. Durante esse período, os ativistas também realizaram atos públicos em outros lugares emblemáticos de Nova York tais como no Times Square – o local de maior concentração de teatros da Broadway e de turistas; na Washington Square, defronte a New York University, local simbólico na luta contra o racismo (lá eram enforcados os negros nos anos de 1930 pela Klu--Klux-Klan); assim como concentrações e protestos em frente às mansões dos bilionários como Rupert Murdoch, o megainvestidor John Paulson e outros. Protestaram contra o fim do "imposto do milionário" – um tributo estadual norte-americano – e "pediam o aumento de impostos federais à população mais rica, para que o governo possa investir mais na criação de empregos e melhoria do ensino no país. [...] Ao chegar a cada endereço, os manifestantes gritavam frases como 'Sem justiça, sem paz' e 'Nós somos os 99% da população'" ("Movimento ataca bilionários". *O Estado de S. Paulo*, 12/10/2011, p. B12).

Occupy Wall Street alcançou notoriedade e espalhou-se por várias cidades dos Estados Unidos, como Los Angeles, San Francisco, Oakland, na Califórnia, e em Boston, Harvard na costa leste, na capital Washington, num total de 147 cidades em 45 estados americanos. Inúmeras páginas se formaram nas mídias interativas, com milhares de usuários, a exemplo de @OccupyWallSt, no Twitter, weareth99percent. tumblr. com etc. Em Chicago formaram uma coalizão denominada *Stand UP!*, e mobilizaram sete mil pessoas para protestarem defronte ao Instituto de Arte de Chicago, onde se realizava uma convenção de banqueiros, em 10 de outubro de 2011.

Logo após surgir, o *Occupy* espalhou-se para 900 cidades do mundo, em 82 países, a exemplo de Frankfurt, coração financeiro da moeda europeia, o euro. Londres, Roma, Milão, Madri, Paris, Hong-Kong, Tóquio, Taiwan, Sidney etc. Formou-se uma rede *Occupy Together* para reunir colaboradores, aglutinar redes de solidariedade, divulgar ações do *Occupy* em várias partes do mundo. Passaram a usar um site, o MeetUp. com como ferramenta para organizar atividades, conectar e unir as pessoas ao que chamam de "99% – a parcela da população que luta contra a corrupção do outro 1%".

Michael Burawoy, professor na Universidade da Califórnia e presidente da Associação Internacional de Sociologia, afirmou que:

> estes movimentos refletem uma era de exclusão. Seus participantes são mais excluídos que os explorados. O centro de gravitação desses movimentos são desempregados, estudantes, semiempregados, juventude desempregada, membros precários da classe média. [...] É um conglomerado de grupos diferentes vivendo um estado de precariedade porque foram excluídos da chance de ter uma posição estável de exploração. Hoje a exploração, o dinheiro seguro é privilégio de poucos [...] Não são movimentos fortes, mas são persistentes. São oposições radicais. É uma das reações à terceira onda do capitalismo ("Sociólogo vê reflexo de 'era da exclusão' em movimentos". *Folha de S. Paulo*, 09/10/2011, p. A18).

Occupy Wall Street gerou, além das marchas e acampamentos, uma série de outros eventos, especialmente no campo das artes: grafiteiros, documentários, exposições de murais, revistas em quadrinhos e gibis, a exemplo do *Occupy Comics*. O desenho de máscaras sorridentes e cavanhaque maroto, um dos mais populares do movimento, foi inspirado na criação de David Lloyd, criador do gibi HQ, que se transformou no filme "V de Vingança", em 2006, já citado na primeira parte deste livro.

É importante observar que *Occupy Wall Street* é uma ação coletiva diferente dos movimentos anti-alter-globalização que pipocaram a partir de 1999, ocorrido em Seattle. O *Occupy* não tem alvo fixo, enquanto os manifestantes de Seattle elegeram as reuniões de cúpula internacionais (OMC, FMI etc.). E Seattle aconteceu em momento de alta e *boom* do capitalismo ocidental; Wall Street não, aconteceu durante um momento de profunda crise. Naomi Klein, ativista e analista dos movimentos altermundialistas, disse a respeito: "*Na Era da Informação, muitos movimentos brotam como belas flores, mas logo morrem. Isso acontece porque não criam raízes, e não têm planos a longo prazo para se sustentar*" (KLEIN, 16/10/2011, p. A16). Ainda segundo essa matéria, 950 cidades de 82 países envolveram de 100 a 100 mil manifestantes e fizeram uma manifestação para pedir "união por uma mudança global".

Os 200 manifestantes do *Occupy Wall Street* do Parque Zuccotti foram desalojados pela polícia em novembro de 2011. Antes disso, houve vários atos de confronto com a polícia e em outras cidades norte-americanas, como em Boston, houve a prisão de vários manifestantes por terem bloqueado o trânsito e ampliado o acampamento em área revitalizada no centro. É bom recordar também que essas manifestações aconteceram paralelamente à discussão de inúmeros "pacotes" do governo central visando reativar a economia. Cobrança de mais impostos, crédito a pequenas empresas etc. foram discutidos e votados sob a pressão de vigílias e outros tipos. Em março de 2012, grupos de jovens retornaram ao Parque Zuccotti, mas foram logo dispersos pela polícia, e, no 1º de maio de 2012, protestos de manifestantes do *Occupy* foram reprimidos com gás lacrimogênio na Califórnia.

Um ano após o *boom* do movimento, Kalle Lasn, citado antes como o idealizador do *Occupy Wall Street*, declarou que o modelo se esgotou e perdeu a magia: "A razão principal foi que não estávamos agindo de forma conjunta. As reuniões tornaram-se chatas. Perdemos a magia. Mas a brutalidade da polícia foi uma das razões" (LASN, 09/09/2012, p. A14). Na realidade o que se esgotou, especialmente nos Estados Unidos, foi a primeira fase do movimento: a ocupação de um território. Novas etapas são previstas, inclusive a de arregimentar os jovens para a criação de um partido político – considerado como uma terceira opção para os americanos. Essa proposta esbarra, entretanto, com um dos pontos que a maioria dos participantes preconizava – o distanciamento em relação aos políticos profissionais, na ativa, nos partidos políticos.

O filósofo Slavoj Žižek disse aos acampados do Parque Zuccotti: "Não se apaixonem por vocês mesmos. Passamos um bom momento aqui, mas, lembrem-se, os carnavais não custam caro. O que conta é o dia seguinte, quando precisamos retomar nossa vida normal. E é quando nos perguntamos: Alguma coisa mudou?" (FRANK, T. *Le Monde Diplomatique*, 17/01/2013).

4
Brasil/São Paulo

São Paulo – Avenida Paulista

A cidade de São Paulo tem diferentes marcos territoriais que se transformaram em zonas de protestos na cidade. Até a década de 1980, o centro antigo, histórico, era o ponto usual tendo a Praça da Sé como sítio principal. A cidade cresceu, deslocou seu centro comercial e financeiro, e os protestos também seguiram as mudanças. A Avenida Paulista passou a ser o novo marco, tanto para protestos como para celebrações (Copa, Réveillon, passeatas GLBTTS etc.). Os protestos até junho de 2013 transcorriam na avenida de forma tradicional: carros de som puxados por centrais sindicais, MST e outros movimentos sociais. Bandeiras, cartazes, balões, longos discursos, a maioria em tom de gritos altíssimos, irados. São protestos planejados, muitos convocados nas portas das fábricas e feitos pelos sindicatos, com infraestrutura de transporte aos participantes que incluía, às vezes, até o lanche/alimentação.

As manifestações de junho trouxeram para a avenida outro tipo de protesto e outros atores sociais tais como os membros de coletivos radicais, como os Black Blocs, que adotam o uso de violência como uma forma de ação. Na avenida essa violência se expressa no confronto com a polícia e no ataque a propriedades simbólicas do capital, como sedes de bancos ou lojas de carros importados. Com isso, o que foi planejado, do ponto de vista do urbanismo, como modernidade, exemplares da força do capital, pelo volume de investimento e da criatividade humana nas torres envidraçadas, espelhadas, vertiginosas transformaram-se em vitrines frágeis, totalmente inadequadas para espaços públicos sem recuos, de grande adensamento nas manifestações. E o bulevar, símbolo de status e exuberância, transformou-se em pesadelo para os que lá vivem e trabalham. Todo paulistano ao sair de casa busca notícias sobre as manifestações programadas para o dia, sempre procurando organizar roteiro alternativo de fuga da Avenida Paulista.

Outros aspectos da nova arquitetura da Avenida Paulista que se transformou em problemas são as lixeiras e as cabines de segurança de vigilância/policiamento da avenida. Elas se transformaram em arma de agressão para destruir os vidros, impedir o trânsito etc. As floreiras altas, pensadas para embelezar, transformam-se no protesto em mirante para se ter visão dos manifestantes. Ou seja, tudo é ressignificado na ação de protesto.

Fonte: http://www.sp-turismo.com/fotos/av-paulista.htm

Avenida Paulista: junho de 2013

Fonte: http://pt.wikipedia.org/wiki/Jornadas_de_junho

O Largo da Batata – Pinheiros/São Paulo

As manifestações de junho de 2013 fizeram renascer um novo local, fruto também das transformações da cidade – o Largo da Batata, em Pinheiros. Ele é considerado como o local de origem do bairro de Pinheiros, tem esse nome porque ali eram comercializadas batatas. Segundo a *Folha de S. Paulo*, "em 1910, após um ano de trabalhos, foi inaugurado o Mercado dos Caipiras, antecessor do atual Mercado Municipal de

Pinheiros, local que iria consolidar o processo de transformação de Pinheiros de vila indígena em núcleo urbano. Na época, o local não era conhecido como Largo da Batata, denominação que surgiu na década de 1920 porque ali se concentrava a venda do produto por agricultores da Cooperativa Agrícola de Cotia" (Disponível em www.folhauol.com.br – Acesso 17/08/2013).

Ao longo do século XX, ele se transformou em área de passagem e de comércio popular. Nos anos de 1990 foi incluído na operação urbana Faria Lima, para requalificar a área. Uma nova linha de Metrô, a Amarela, inaugurada em 2012, transformou o espaço em uma grande praça aberta. O projeto para o novo Largo da Batata é de 2001, foi iniciado em 2002, com conclusão prevista para dezembro de 2013. Durante a longa construção dessa linha e da estação do metrô, vários sítios e cerca de 20 mil objetos arqueológicos foram encontrados no local (louças, porcelanas, garrafas de vinho e uísque – todos importados –, e cerveja holandesa do século XIX). Segundo a *Folha de S. Paulo*, "Já foram encontrados vestígios de possíveis palafitas, existentes quando a região ainda era região de alagamento do Rio Pinheiros, objetos do século XIX e trilhos e dormentes de bonde, que circulou pela Rua Teodoro Sampaio da década de 1910 até os anos 1930" (Disponível em www.folhauol.com.br – Acesso em 17/08/2013).

A região valorizou-se muito devido à proximidade com a Avenida Faria Lima (que há anos substituiu a Avenida Paulista como centro financeiro-comercial, e atualmente está dando lugar para a Avenida Berrini, próxima da Marginal do Rio Pinheiros). Nas manifestações de junho, a que aconteceu em 17/06 teve o batismo do Largo da Batata como o grande espaço de acolhimento dos protestos. Entre as manifestações de São Paulo em junho de 2013, a do dia 17 foi a maior e a mais expressiva por demarcar uma virada na opinião pública, favorável às manifestações.

Largo da Batata/São Paulo, 17/06/2013

Fonte: http://oglobo.globo.com/pais/manifestacao-atrai-65-mil-em-sp-grupo-tenta-inva Autor: Marcelo D'Sants.

Fonte: http://gazetadepinheiros.com.br/cidades/retrospectiva-2013-20-12-2013-htm

Cartaz: Manifestações Largo da Batata, junho de 2013

Fonte: http://juntos.org.br/2013/06/da-praca-taksim-ao-
-largo-da-batata-twitcam-com-m

Conclusões

Segundo pesquisa coordenada por Sérgio Amadeu (2013), os responsáveis pelos maiores focos de atividade no Facebook nos dias-chave dos protestos de rua em junho, no Brasil, foram os integrantes da rede de ativismo hacker Anonymous. Os ativistas usam apelidos e máscaras inspiradas no filme *V de Vingança* (2006). Segundo reportagem publicada na *Folha de S. Paulo*, "os chamados 'anons' não formam um grupo único. São vários 'coletivos', que às vezes divergem uns dos outros, mas giram sempre em torno de ideias gerais em comum, como a defesa radical da liberdade de expressão e o acesso irrestrito à informação" (VALENTE & MAGALHÃES, 14/07/2013). Ao final da primeira década deste século, especialmente após 2008, os movimentos e mobilizações sociais mudaram novamente seus territórios e o eixo de seus repertórios discursivos. Passaram da antiglobalização (ou alterglobalização) para a negação da globalização e seus efeitos sobre a economia e o social, especialmente após a crise econômico-financeira de 2008. Estão tomando escala global como Movimentos de Indignados contra a globalização. A indignação – categoria que pode ser analisada em vários planos, especialmente o da moral, dos valores, da ética e da justiça social – ganhou centralidade nas ações coletivas dos jovens e atua como um dos principais parâmetros de avaliação dos comportamentos dos grupos dominantes – tanto econômicos como políticos. Moore (1987), no passado, já tinha alertado para esses aspectos ao publicar "Injustiça: as bases sociais da obediência e da revolta". Na atualidade, "Indignação" é também o título da obra literária de Philip Roth (2009) que relata como um jovem enfrenta as contingências e os obstáculos que a vida lhe impõe. Portanto, o campo temático das lutas e protestos contemporâneos continuou a destacar o plano macroeconômico, mas foi mais detalhista – focalizou nesse cenário o capital financeiro, contesta os resultados das políticas econômicas para a vida dos cidadãos, a financeirização como norma reguladora do cotidiano dessas vidas –, observava a gestão das dívidas de seus cartões de crédito, o desemprego e falta ou má qualidade de serviços públicos. "Precariado" é a nova denominação que está sendo dada aos cidadãos deste novo século, os filhos de uma sociedade precária onde impera a desigualdade social e econômica, onde há perda de direitos sociais e políticos, exclusão de imigrantes etc. É um novo proletariado, do setor informal, trabalhando em empregos terceirizados, flexibilizados, sem garantias legais (cf. ALVES, 2012).

Portanto, as manifestações ocorridas nas praças e ruas em 2011-2013, em diferentes partes do globo, analisadas neste livro, têm grandes diferenças em relação ao movimento antiglobalização que protestava durante as reuniões de cúpulas mundiais. Aquelas manifestações eram compostas por grupos minoritários, reuniam minorias e tinham espírito global. As atuais, tratadas neste livro, apresentam forte conteúdo nacional, dirigem as reivindicações à realidade de cada país. Gerbaudo afirma: "A noção de povo é chave para entender esses novos movimentos" (*Folha de S. Paulo*, 08/07/2013, p. A12).

A forma de comunicação entre os jovens manifestantes também se alterou e saber se comunicar online ganhou status de ferramenta principal para articular as ações coletivas. A comunicação não acontece só via os computadores e a internet. Os celulares e as diferentes formas de mídia móvel passaram a ser meios de comunicação básicos, o registro instantâneo de ações transformou-se em arma de luta, ações que geram outras ações como resposta. Twitter, Facebook, Youtube, Linkedin, Zynga etc. acionados principalmente via aparelhos móveis, como *blackberry*, iphone etc. são ferramentas do ciberativismo que se incorporaram ao perfil do ativista.

A comunicação online acontece em redes, é difusa, abarca grande parcela da juventude das camadas médias, antigas e novas, ditas como emergentes. Os políticos e partidos tradicionais costumam comunicar-se para construir consensos via comunicação de massa e sentiram-se perdidos face às novas formas de comunicação e de articulação dos novíssimos movimentos dos jovens.

E as praças? Afinal, elas são o destaque deste texto? Sim, elas são o cenário, que assiste e acolhe, dinamicamente, todas as mudanças sociais em curso. Quer seja na sua estrutura física, quer seja no uso de seus espaços, a ressignificação é permanente. Nos casos apresentados neste texto, praças e avenidas são lugares simbólicos do capital – *Wall Street* é o centro norte-americano do dinheiro, e o touro que existe na praça é o símbolo da época dos bons negócios da Bolsa de Nova York. Willy-Brandt Platz/Frankfurt é a capital do euro, a maior praça bancária europeia. Avenida Paulista foi a avenida dos barões do café, e atualmente sedia grandes agências bancárias. Os espaços físicos e simbólicos do capital, seu coração financeiro, símbolos e ícones do capitalismo estão sendo apropriados pelos manifestantes em protesto.

Apesar da intensa participação dos jovens nos eventos recentes analisados nessas praças, o impacto na sociedade apresenta visibilidade contraditória. Ora são heróis, glorificados como a boa-nova, o futuro; ora criticados violentamente, descaracterizados como vândalos, ingênuos, parte do "pensamento mágico", têm relação mágica com a sociedade (CHAUÍ, 2013), sem mediação política, sem direção, liderança etc. O grande problema dessas visões e abordagens é o fato de **considerarem os jovens e as manifestações como um todo, um bloco homogêneo**. Não se forem consideradas as diferenças internas, a diversidade de perfis de seus componentes, as matizes ideológicas. Fazem uma leitura com os óculos de uma dada abordagem, como não encontram os elementos dessa abordagem nas manifestações, descaracterizam-nas. Não querem ver ou não aceitam que eles têm outros pressupostos, outros referenciais. Por exemplo, pode-se observar nas diferentes manifestações da atualidade influências antes citadas da Internacional Situacionista dos anos de 1960 que, entre outras coisas, tinham uma proposta de criar situações para que novos fatos e mudanças viessem a acontecer. Guy Debord dizia: "Nossa ideia central é a construção de situações, isto é, a construção concreta de ambiências momentâneas da vida, e sua transformação em uma qualidade passional superior. Devemos elaborar uma intervenção ordenada sobre os fatores complexos dos dois grandes componentes que interagem continuamente: o cenário material da vida; e os comportamentos que ele provoca e que o alteram" (DEBORD, G. Relatório sobre a construção de situações e sobre a condição de organização e de ação na tendência situacionista internacional).

Manifestações são exercícios de cidadania insurgente, uma busca de redefinição da cidadania pseudodemocrática que se instalou nos últimos anos, por exemplo no Brasil, onde o exercício das práticas deliberativas/participativas são pautadas pelos que estão no poder. Certamente essas políticas não foram criadas no país. Manuais e cursos orientadores do "ativismo" participatório em órgãos públicos já são usuais no exterior (cf. RICKETTS, 2012).

Um ponto unânime na maioria dos analistas: esses movimentos conseguem, atualmente, "alterar o discurso mundial, levando-o para longe dos mantras ideológicos do neoliberalismo, para temas como a desigualdade, injustiça e descolonização" (WALLERSTEIN, 2012, p. 75).

Resta lembrar, novamente, que o campo de luta dos atuais movimentos é diferenciado, quer se trate dos *Occupy* nos Estados Unidos, dos Indignados da Europa, ou dos árabes e sua Primavera de 2011. Um dos slogans nas manifestações no Rio de Janeiro foi: "Não é Turquia, não é a Grécia, é o Brasil saindo da inércia". Confundir ou tratar as manifestações sem distinções significa ignorar a conjuntura política de cada país – uns têm a democracia como regra do jogo político; outros estão lutando contra o autoritarismo, buscando a democracia. De toda forma, o horizonte dos jovens rebeldes na atualidade situa-se no plano democrático. O igualitarismo democrático radical pode ser visto como o cerne da bandeira de alguns desses movimentos, como os *"Occupy"* (cf. PESCHANSKI,

2012, p. 29). Esse igualitarismo expressa-se em bandeiras genéricas, alguns fixam-se em certos pontos, tais como a necessidade de subir impostos dos mais ricos ou regulamentar os bancos, e outras medidas pontuais. Por tudo isso, compreende-se por que os jovens manifestantes rechaçaram a presença de bandeiras de partidos políticos, tanto no Egito como em São Paulo. Querem ser vistos como uma "onda única".

O fato concreto é: as manifestações de jovens de 2011 a 2013 no exterior via atos públicos, ocupações e marchas chegaram a derrubar ditaduras, como na Primavera Árabe, em 2011, em processo contraditório, de avanços e recuos na democracia; abalaram governos europeus desestabilizados por crises econômicas e ondas de desemprego, como do Movimento dos Indignados, na Espanha; ou tiraram o véu de regimes autoritários como na Turquia; ou ainda, questionaram o modelo econômico-financeiro vigente, como o Movimento *Occupy Wall Street*, iniciado em Nova York, e que se espalhou pelo mundo. Mudaram a imagem do Brasil como país "das maravilhas", "povo pacato" etc. Mudaram a agenda de governantes e forçaram reformas. Os manifestantes não têm utopias grandiosas, mas eles as têm. A esse respeito, Tarik Ali relembra O. Wilde: "Um mapa do mundo que não inclua Utopia não merece ser olhado" (ALI, 2012, p. 65).

Além de acontecerem em tempo histórico comum, de terem nas redes e mídias sociais um poderoso aliado e contarem com grande participação de jovens, há grandes diferenças entre as três formas mencionadas. Por isso concordamos com a crítica feita por Contardo Calligaris que afirma: "Esses movimentos e manifestações têm uma só coisa em comum: todos juntos, eles permitem uma espécie de 'pauta projetiva'.

Ou seja, eles não têm pauta comum (e, às vezes, não têm pauta alguma), mas, uma vez reunidos, constituem um conjunto suficientemente incerto para que nós, observadores, possamos lhes atribuir uma pauta que é da gente" (CALLIGARIS, 17/11/2011, p. E14).

Para Castells (2013), movimentos como o que propôs a criação coletiva da Constituição da Islândia, os Indignados na Espanha, o *Occupy Wall Street* nos Estados Unidos, a Primavera Árabe e o grupo Anonymous são parte de um mesmo movimento, coletivo e global, que não é político e sim social. "São esses movimentos, sociais e não políticos, que realmente mudam a história, pois realizam uma transformação cultural, que está na base de qualquer transformação de poder." Disse que estes movimentos começam na internet, mas não são essencialmente digitais. "Eles só tornam-se visíveis e passam a existir de fato quando tomam as ruas", explicou, reforçando que esses movimentos acontecem há apenas cinco anos e não têm lideranças, repudiam a violência e, embora não tenham objetivo definido, encontram coincidências e semelhanças ao indignar-se. "São movimentos emocionais e que se unem pela recuperação de uma dignidade que se perdeu. Às vezes eles começam pequenos e parecem que se mobilizam por pouca coisa, mas que funcionam como apenas uma gota a mais em uma indignação que existe em todos os setores sociais, que as pessoas não aguentam mais", realçando que isso pode ser a construção de um shopping para turistas na praça Taksim na Turquia ou no aumento de centavos nas passagens de ônibus em São Paulo. "Centenas de milhões de pessoas já participaram desses movimentos", continua, "e são movimentos que podem ter saído das ruas, mas não desapareceram. Eles continuam online. Quando vem a repressão física, eles se retiram das ruas, rediscutem online. Não têm líderes nem programa, mas têm a capacidade de resistir e de renascer a qualquer momento. Isso só acontece porque há a capacidade de autocomunicação de massa que os permitiu existir".

E conclui: "A palavra 'dignidade' aparece em todos os países, em todos esses movimentos, em diferentes países e culturas. Eles não têm uma reivindicação concreta, mas querem o reconhecimento da própria dignidade, pois as pessoas não se veem reconhecidas como pessoas ou cidadãos". Castells reforçou que as semelhanças entre movimentos que partem de causas tão distintas apenas enfatizam seu papel no século XXI – e compara o que está acontecendo nos últimos anos com o que aconteceu nos últimos 40 anos no que diz respeito às mulheres, sem se referir a um autor, ideologia ou movimento feminista específico. "Foi um movimento coletivo, em que todas as mulheres do mundo decidiram abandonar o papel de sujeitada para assumirem o papel de sujeitas da história", reforçou, lembrando os avanços da ascensão do papel da mulher na sociedade na última metade de século, principalmente em comparação com milênios de história. E, segundo ele, isso está acontecendo de novo, nesta nova forma de manifestação social – que demanda mudanças culturais mais do que políticas.

Concluimos com uma longa citação de Paolo Gerbaudo que diz:

> Há um problema fundamental na democracia representativa como ela existe hoje. Ou os partidos encontram um caminho para reconsquistar legitimidade, ou vão ser superados por novos partidos sintonizados com as demandas da sociedade pós-industrial de hoje. A crítica à partidocracia é

legítima. Por outro lado, às vezes parece haver nos movimentos uma crença quase religiosa de que é preciso eliminar todas as mediações. [...] A Luta principal é por uma nova forma de democracia, na qual os partidos não poderão mais lidar com os cidadãos apenas de quatro em quatro anos. A solução para isso seria uma mudança constitucional ampla. É preciso abrir espaço a novas formas de controle popular sobre os políticos, mais transparência contra a corrupção, novos instrumentos de democracia direta e consulta popular" (*Folha de S. Paulo*, 08/07/2013, p. A12).

Referências

ALI, T. et al. *Occupy* – Movimentos de protestos que tomaram as ruas. São Paulo: Boitempo, 2012.

ALVAREZ, K. et al. *Nosotros, los indignados* – Las voces comprometidas del 15-M. Barcelona: Destinos, 2011.

ANDERSON, P. "A rua e o poder". *O Estado de S. Paulo*, 03/11/2013, p. E2).

ARANTES, P.E. *O novo tempo do mundo*. São Paulo: Boitempo, 2014.

ASSANGE, J. et al. *Liberdade e o futuro da internet* – Cypherpunks. São Paulo: Boitempo, 2012.

BACHTOLD, F. & NERY, N. "Houve quase ingratidão em protestos, diz ministro". *Folha de S. Paulo*, 25/01/2014, p. A4.

BADIOU, A. *El despertar de la historia*. Madri: Clave, 2012.

BAUMAN, Z. *Em busca da política*. Rio de Janeiro: Zahar, 2000.

BURAWOY, M. "Sociólogo vê reflexo de 'era da exclusão' em movimentos". *Folha de S. Paulo* 09/10/2011, p. A18.

BURKE, S. et al. *World Protests:* 2006-2013. Nova York: Foundation Friedrich Ebert/University of Columbia, 2014 [Relatório – Disponível em htpp://policydialogue.org/files/publications/World protests 2006-2013].

CACCIA-BAVA, S. "Ousar mais". Le Monde Diplomatique, 73, 13/08/2013 [Disponível em http://www.diplomatique.org.br/editorial.phpedicao73].

CALLIGARIS, C. "A pauta dos jovens sem pauta comum". *Folha de S. Paulo*, 17/11/2011, p. E14.

CASTELLS, M. *Redes de indignação e esperança*. São Paulo: Zahar, 2013.

CASTORIADIS, C.C. & BENDIT, D. *Da ecologia à autonomia*. São Paulo: Brasiliense, 1981.

CHAUÍ, M. "Pela responsabilidade intelectual e política". *Revista Cult*, n. 182, p. 7-15. São Paulo.

CHOMSKY, N. *Occupy*. Nova York: Penguin Books, 2012.

COHN-BENDIT, D. "'Violência em protesto reduz influência, diz líder de Maio de 68' entrevista a Fabio Brisolla". *Folha de S. Paulo*, 06/11/2013, p. C7.

COSCELLI, J. "A revolução será twuittada". *O Estado de S. Paulo*, 17/12/2011.

DANET, N. & BARDEAU, F. *Anonymous*: Peuvent-ils Changer le Monde? Paris: FYP, 2011.

DARNTON, R. "Ocupe Wall Street não traz 'agitação revolucionária'". *Folha de S. Paulo*, 13/10/2011, p. A14.

DAVIS, M. et al. *Cidades rebeldes*. São Paulo: Boitempo, 2013.

DEBORD, G. *A sociedade do espetáculo*. [s.l.]: [s.e.], 1995.

DEPUIS-DÉRI, F. *Black Blocs*. São Paulo: Veneta, 2014.

FERNANDEZ, J.; SEVILLA, C. & URBÁN, M. *Ocupemos el mundo!* Barcelona: Icaria/Antrazyt, 2012.

FIUZA, B. *Black Blocs* – A origem da tática que causa polêmica na esquerda [Disponível em www.viomundo.com.br/politica/black-blocs-a-origem-da... – Acesso em 08/10/2013].

FRIAS FILHO, O. "Tocqueville revela como funciona uma revolução". *Folha de S. Paulo*, Ilustrada, 27/08/2011, p. E6.

GERBAUDO, P. *Tweets and streets*. Londres: Pluto, 2012.

GOHN, M.G. *Sociologia dos movimentos sociais*. São Paulo: Cortez, 2013.

_____. "Após atos governo não tem interlocutores". *O Estado de S. Paulo*, 14/07/2013, p. A14.

_____. *Movimentos sociais e redes de mobilizações civis no Brasil contemporâneo*. 7. ed. Petrópolis: Vozes, 2013.

GOKAY, B. & XYPOLIA, I. (orgs.) (2013). *Reflections on Taksim* – Gezi Park Protests in Turkey. Keele, UK: Keele European Research Centre [Disponível em http://www.keele.ac.uk/journal-globalfaultlines/publications/geziReflections.pdf].

GRIPP, A. "Não era pelos 20 centavos". *Folha de S. Paulo*, Cad. Retrospectiva 27/12/2013, p. 2.

HESSEL, C. "No meio da rede mundo". *O Estado de S. Paulo*, 07/07/2013, p. E10.

HESSEL, S. *Indignai-vos!* 3. ed. Lisboa: Objectiva, 2011.

HOLSTON, J. *Cidadania insurgente*. São Paulo: Companhia das Letras, 2013.

HONNETH, A. *Luta por reconhecimento* – A gramática moral dos conflitos sociais. São Paulo: Ed. 34, 2003.

JURIS, J.S. "Violencia representada e imaginada – Jóvenes activistas, el Black Bloc y los medios de comunicación em Génova". In: FERRÁNDIZ, F. & FEIXA, C. (orgs.). *Jóvenes sin tregua* – Culturas y politicas de la violencia. Barcelona: Anthropos, 2005, p. 185-208.

KATSIAFICAS, G. *The Subversion of Politics?* – European Autonomous Social Movements and the Decolonization of Everyday Life? [Disponível em http://www.eroseffect.com].

KLEIN, N. "'Ocupe Wall St.' é diferente dos protestos da década de 90". *Folha de S. Paulo*, 16/10/2011, p. A16.

LAFER, C. "Violência". *O Estado de S. Paulo*, 20/10/2013, p. A2.

LASN, K. "Modelo do 'Ocupe Wall St.' se esgotou e perdeu a magia". *Folha de S. Paulo*, 09/09/2012, p. A14.

LUDD, N. *Urgência das ruas* – Black block, Reclaim the Streets e os dias de ação global. São Paulo: Conrad, 2002.

MARONI, A. et al. *Le Monde Diplomatique*, n. 73, 13/08/2013 [Disponível em http://www.diplomatique.org.br/editorial.phpedicao73].

MATIAS, A. "O ponto em comum entre a Praça Taksim e Avenida Paulista". *Revista Galileu*, 12/06/2013 [Entrevista].

MATZA, D. & SYKES, G. "Tecnicas de neutralización: una teoria de delincuencia". *Caderno CRH*, vol. 21, n. 52, 2004, p. 163-170.

MOORE JR., B. *Injustiça* – As bases sociais da desobediência e da revolta. São Paulo: Brasiliense, 1987.

NALON, T. "Governo admite não ter compreendido 'Black Blocs', mas busca diálogo". *Folha de S. Paulo*, 29/10/2013.

NEGRI, A. & COCCO, G. *Global* – Biopoder e luta em uma América Latina globalizada. São Paulo: Record, 2005.

NOBRE, M. *Choque de democracia* – Razões da revolta. São Paulo: Companhia das Letras, 2013.

NOGUEIRA, M.A. *As ruas e a democracia* – Ensaios sobre o Brasil contemporâneo. São Paulo: Contraponto, 2013.

_____. "Nem Black, nem Bloc". *O Estado de S. Paulo*, 03/11/2013, p. E3.

OBSERVATORIO SOCIAL DE AMÉRICA LATINA. "Movimientos sociales y gobiernos en la región Andina – Resistencias y alternativas en lo político y lo social". *Revista Osal*, n. 19, 2006. Buenos Aires: Clacso.

OFFE, C. *Partidos políticos y nuevos movimientos sociales*. Madri: Sistema, 1988.

ORTELHADO, P. *Estamos vencendo* – Resistência global no Brasil. São Paulo: Conrad, 2012.

OWEN, R. & FOURRIER. In: SICCA, P. *Storia dell'urbanística*: l'ottocento. Roma: G. Laterza, 1977.

PACO, F.P. *Insurgencia y sumisión* – Movimientos sociales e indígenas. [Bol.]: Driva, 2007.

PAGNAN, R. "De Perdizes a Cachoeirinha, perfil de 'Black Blocs' presos é variado". *Folha UOL*, 29/10/2013.

PAMUK, O. "Uma árvore, um parque". *Folha de S. Paulo*, Ilustríssima, 09/06/2013, p. 6.

PINKER, S. *Os anjos bons da nossa natureza*. São Paulo: Companhia das Letras, 2013.

PLEYERS, G. *Alter-Globalization* – Becoming Actors in the Global Age. Cambridge: Polity, 2010.

POERNER, A.J. *O poder jovem* – História da participação política dos estudantes brasileiros. São Paulo: Centro de Memória da Juventude, 1995.

PROUDHON, P.J. *Escritos*. Porto Alegre: LPM, 1981 [org. de D. Guérin].

QUIJANO, A. "Colonialidade do poder e classificação social". In: SANTOS, B.S. & MENESES, M.P. (orgs.). *Epistemologias do Sul*. Coimbra: Almedina, 2009, p. 73-117.

RHEINGOLD, H. *SmartMobs*: The next social revolution. Cambridge, MA: Perseu, 2002.

RICKETTS, A. *The activist's handbook* – A step-by-step guide to participatory democracy. Londres: Zed Books, 2012.

RISÉRIO, A. "Em busca do urbanismo perdido". *O Estado de S. Paulo*, Cad. Aliás, 26/01/2014, p. E2 [Entrevista].

ROSENMANN, M.R. *Los indignados* – El resgate de la politica. Madri: Akal, 2012.

ROSSI, P. *As esperanças*. São Paulo, Unesp, 2013.

ROTH, P. *Indignação*. São Paulo. Companhia das Letras, 2009.

SAMPEDRO, J.L. et al. *Reacciona*. Madri: Santillana/Aguilar, 2011.

SAFATLE, W. "Violência e silêncio". *Folha de S. Paulo*, 22/10/2013, p. A2.

SENGUPTA, S. "A alma do novo hacker". *New York Times*, 26/03/2012, p. 2, publicado pela *Folha de S. Paulo*.

SENNET, R. *Juntos* – Os rituais, os prazeres e a política da cooperação. Rio de Janeiro: Record, 2012.

SOLANO, E. "Violência em atos ofusca movimentos pacíficos". *O Estado de S. Paulo*, 03/11/2013, p. A27 [Entrevista].

SOLANO, E. & ALCADIPANI, R. "Violência 'black bloc' visa chamar atenção de um Estado ausente". *Folha de S. Paulo*, 17/10/2013, p. C7.

SPIROPOULOS, T. *X-Archia uncensored Graffiti from exarchia Athens 2009-2011*. Atenas: Rakosyllektis, 2013.

STANKO, E. "Introduction: Conceptualising the meanings of violence". In: STANKO, E. (org.). *The Meanings of Violence*. Londres: Routledge, 2002, p. 34-51.

STRECKER, M. "*Occupy Wall Street* e a web". *Folha de S. Paulo*, Mercado, 17/10/2011, p. B9.

TAIBO, C. *Nada será como antes – Sobre el movimiento 15-M*. Madri: Catarata, 2011.

TAPIA, L. "Movimientos sociales, movimientos societales y los no lugares de la política". *Cuadernos Del Pensamiento Crítico Latinoamericano*, n. 11, 2009. Buenos Aires: Clacso.

TARROW, S. *New Transnational Activism*. Cambridge: Cambridge University Press, 2005.

_____. *The Power of movements*. Cambridge: Cambridge University Press, 1994.

THOREAU, H.D. *A desobediência civil*. São Paulo: Cultrix, 1975.

VALENTE, R. & MAGALHÃES, J.C. "'Anonymous' lidera ativismo digital nos protestos". *Folha de S. Paulo*, 14/07/2013.

VELASCO, P. *No nos representan* – El manifesto de los indignados em 25 propuestas. Madri: Temas de Hoy, 2011.

VRADIS, A. & DALAKOGLOU, D. *Revolt and crisis in Greece*. Londres/Atenas: AK Press/Occupied, 2011.

YORUK, E. *Grassroots politics in Turkey*: 1970-2010. [s.l.]: J. Hopkins University, 2012 [Tese de doutorado].

ŽIŽEK, S. *Violência:* seis reflexões laterais. São Paulo: Boitempo, 2014.

Jornais consultados

Folha de S. Paulo: de 01/06/2013 a 31/01/2014.

O Estado de S. Paulo: de 01/06/2013 a 31/01/2014.

Revistas consultadas

Carta Capital: "Black Blocs – Depredações nas ruas" (07/08/2013).

Cult: "Por uma vida sem catracas" (n. 182, ago./2013).

Época: "Os Black Blocs sem máscara" (n. 807, 11/11/2013).

História Viva: "Cinco séculos de revoltas – O Brasil vai às ruas" (n. 118).

IstoÉ: "Brasileiros de 2013 – O manifestante (n. 2.298, 04/12/2013).

Leituras da História: "1992 x 2013" (n. 63, jul./2013).

Sociologia: "Manifestações sociais no Brasil" (n. 48, ago.-set./2013).

Veja: "O bando dos cara tapadas" (n. 34, 21/08/2013) e "É Nóis" (22/01/2014).

CULTURAL

Administração
Antropologia
Biografias
Comunicação
Dinâmicas e Jogos
Ecologia e Meio Ambiente
Educação e Pedagogia
Filosofia
História
Letras e Literatura
Obras de referência
Política
Psicologia
Saúde e Nutrição
Serviço Social e Trabalho
Sociologia

CATEQUÉTICO PASTORAL

Catequese
    Geral
    Crisma
    Primeira Eucaristia

    Pastoral
        Geral
        Sacramental
        Familiar
        Social
        Ensino Religioso Escolar

TEOLÓGICO ESPIRITUAL

Biografias
Devocionários
Espiritualidade e Mística
Espiritualidade Mariana
Franciscanismo
Autoconhecimento
Liturgia
Obras de referência
Sagrada Escritura e Livros Apócrifos

    Teologia
        Bíblica
        Histórica
        Prática
        Sistemática

VOZES NOBILIS

Uma linha editorial especial, com importantes autores, alto valor agregado e qualidade superior.

REVISTAS

Concilium
Estudos Bíblicos
Grande Sinal
REB (Revista Eclesiástica Brasileira)
SEDOC (Serviço de Documentação)

VOZES DE BOLSO

Obras clássicas de Ciências Humanas em formato de bolso.

PRODUTOS SAZONAIS

Folhinha do Sagrado Coração de Jesus
Calendário de Mesa do Sagrado Coração de Jesus
Agenda do Sagrado Coração de Jesus
Almanaque Santo Antônio
Agendinha
Diário Vozes
Meditações para o dia a dia
Guia Litúrgico

CADASTRE-SE
www.vozes.com.br

EDITORA VOZES LTDA.
Rua Frei Luís, 100 – Centro – Cep 25689-900 – Petrópolis, RJ
Tel.: (24) 2233-9000 – Fax: (24) 2231-4676 – E-mail: vendas@vozes.com.br

UNIDADES NO BRASIL: Belo Horizonte, MG – Brasília, DF – Campinas, SP – Cuiabá, MT
Curitiba, PR – Florianópolis, SC – Fortaleza, CE – Goiânia, GO – Juiz de Fora, MG
Manaus, AM – Petrópolis, RJ – Porto Alegre, RS – Recife, PE – Rio de Janeiro, RJ
Salvador, BA – São Paulo, SP